D1689082

Ferdinand Czernin
Gabriele Liechtenstein (Hg.)
Dieses Salzburg!

Ferdinand Czernin
Gabriele Liechtenstein (Hg.)

Dieses Salzburg!

Aus dem Englischen von
Gabriele Liechtenstein

Residenz Verlag

STADT : SALZBURG

© 2024 Residenz Verlag GmbH
Salzburg – Wien

Bibliografische Information der Deutschen Nationalbibliothek
Die Deutsche Nationalbibliothek verzeichnet diese Publikation in
der Deutschen Nationalbibliografie; detaillierte bibliografische Daten
sind im Internet über http://dnb.dnb.de abrufbar.

www.residenzverlag.com

Alle Rechte, insbesondere das des auszugsweisen Abdrucks
und das der fotomechanischen Wiedergabe, vorbehalten.

Umschlaggestaltung: Joe P. Wannerer, Boutique Brutal
Typografische Gestaltung, Satz: Lanz, Wien
Lektorat: Marie-Therese Pitner
Gesamtherstellung: Finidr, Tschechische Republik

ISBN 978 3 7017 3610 2

Gewidmet Franz Winter, meinem Freund seit Jugendtagen – er drückte mir das erste Exemplar von *This Salzburg!* in die Hand –, meinem Mann, auf den ich meine Liebe zu Salzburg erfolgreich übertrug, und unserem Freund Pater Alkuin Schachenmayr, der mir als in Deutschland Geborener und in Amerika Aufgewachsener bei Übersetzungsfinessen hilfreich zur Seite stand.

Dieses Salzburg!

Eine kurze Einführung in die Schönheit und den Charme einer Stadt, die wir lieben

Vor beinahe neunzig Jahren erschien zum ersten Mal das englischsprachige Buch *This Salzburg!*, das Ferdinand Czernin in London schrieb, wo er schon seit zwei Jahren im Exil lebte. Es war an Touristen aus England und Amerika gerichtet, die seit 1920 – also seit der Stunde Null der Festspiele – die Stadt besuchten, und erfreute sich großer Beliebtheit. Bis 1951 erreichte es vier Auflagen. Es ist ein in heiter-ironischem Ton verfasstes Lesebuch. Hauptdarsteller sind Salzburg, seine Geschichte, seine Bewohner, die Touristen und natürlich die Festspiele. Ein so erfolgreiches Buch, das in Antiquariaten ein bis heute gesuchter Titel ist und das seit beinahe neunzig Jahren nichts von seiner Aktualität verloren hat, soll nicht in Vergessenheit geraten. Man darf es den Salzburg- und Festspielliebhabern unserer Zeit nicht vorenthalten.

Worin mag der Erfolg von *This Salzburg!* liegen? Ein Teil ist sicher Czernins modernem Sprachstil zuzuschreiben, der altertümliche Wendungen und langatmige, belehrende Passagen vermied. Auch dadurch hebt sich das Werk aus der Menge – damaliger und späterer – Bücher über Salzburg heraus. Ein anderer Teil des Erfolgs hängt mit der Universalbildung des Autors zusammen, die der Gesellschaft jener Zeit eigen war. Er konnte über Theater, Musik, Kunst und Geschichte genauso klug und verständlich sprechen wie über Politik, über die Jagd, über gutes Essen oder über die österreichische Seele. Wenn er etwas – im Buch oder im Freundeskreis – erzählte, klang das nie hochgestochen oder wie ein Vortrag vor Studierenden, sondern die Zuhörer erfuhren, ohne belastet zu werden, eine Menge Informatives, was sie auf den Aufenthalt in Salzburg vorbereitete. Und sie wurden nebenbei angenehm unterhalten. Der Autor konnte seine Geschichten witzig und pointiert zu Sätzen formen, ohne jemanden persönlich zu verletzen.

Ein weiterer Grund, warum das Werk, das im deutschen Sprachgebiet beinahe unbekannt ist, einem größeren Kreis zugänglich gemacht werden muss, ist seine ursprüngliche Sprache. Bislang war es nur auf Englisch erhältlich, weshalb es in England und Amerika bekannter ist als im deutschsprachigen Raum. Und das, obwohl der Autor Altösterreicher war. Da *This Salzburg!* seit vielen Jahren zu meinen Lieblingsbüchern gehört, begann ich es zu übersetzen und habe die ersten paar Seiten Claudia Romeder, der Leiterin des Residenz Verlags, als Kostprobe geschickt. Inhalt und Stil gefielen ihr auf Anhieb, und sie entschied spontan, das Werk ins Programm aufzunehmen. Um der besseren Verständlichkeit willen habe ich die Übersetzung mit Anmerkungen und Kommentaren versehen, da einige Persönlichkeiten der Festspiele und der Stadt Salzburg sowie einige Institutionen aus den 1930er-Jahren nicht mehr bekannt sind oder nicht mehr existieren. Um den Leserhythmus nicht zu behindern, habe ich auf Fußnoten verzichtet und Erläuterungen und Anmerkungen in den Fließtext eingebaut. Damit bei der Lektüre ersichtlich ist, was von Czernin stammt und was von mir, wurde die Übersetzung *kursiv* gesetzt, meine Kommentare erscheinen in »gerader Schrift.

Der früher angesprochene hohe Unterhaltungswert unterscheidet *This Salzburg!* vermutlich am stärksten von anderen Büchern über die Stadt und die Festspiele. Es eignet sich nicht nur für Bücherfreunde, Salzburgliebhaber oder für Menschen, die Ablenkung von ihrem hektischen Alltag suchen, als Lektüre, sondern auch für alle, die Aufmunterung brauchen, weil sie z. B. krank im Bett liegen. Der Autor nimmt allerdings Galle- und Leberkranke sowie humorlose Menschen aus. »*Wenn ihr ... über bestimmte Dinge, Personen und euch selbst nicht lachen könnt, werft das Buch weg, kauft es nicht und schaut nicht hinein. Es ist Gift für euch und wird euch Gelbsucht verursachen. Wenn ihr alt genug seid und wisst, dass die einzige Sache, die einem selbst und den anderen das Leben erträglich macht, Lachen ist, werdet ihr das Buch vielleicht mögen ...*« – und feststellen, wie viel Liebe der Autor in die Arbeit steckte. »*Eine Menge Liebe für den Ort und für die Menschen, die porträtiert werden, eine Menge Liebe für die Menschen, die vielleicht lächeln, während sie es lesen und sogar einige Liebe für die Menschen, die es hassen werden ... Vielleicht wird es euch helfen, Salzburg mit anderen Augen zu sehen. Vielleicht wird es euch helfen, Schönheit an einer Stelle zu finden, wo ihr zuvor keine gesehen habt ... Vielleicht hilft es euch, euch selbst mehr zu mögen, weil – vielleicht, o vielleicht – die Lektüre euch half, über euch selbst lachen zu können. Ganze Nationen gehen aus dem einfachen Grund vor die Hunde, weil sie unfähig sind, über sich selbst zu lachen. Sie nehmen sich selbst, ihre Wege, ihre Probleme und sogar das Vergnügen todernst und sterben daran. Wir lieben, weil wir lachen, und wir dürfen lachen, weil wir lieben. Werft das Buch sofort weg, wenn ihr nicht darauf vorbereitet seid, über das zu lachen, was ihr liebt.*« (XIII f.)

Beim Lesen empfindet man die Stadt mit einem Lächeln im Gesicht neu und erlebt sie so, wie sie in den 1930er-Jahren war und eigentlich noch immer ist. Literarisch und historisch ist interessant, dass Erich Kästner zur selben Zeit wie Ferdinand Czernin den amüsanten, (polit-)satirischen Roman *Der kleine Grenzverkehr* schrieb, in dem ebenfalls Salzburg, seine Menschen und die Festspiele die Hauptrollen spielen. Wenn man beide Bücher hintereinander liest, meint man, dass die Autoren beste Freunde und gemeinsam in Salzburg gewesen waren.

Ferdinand Czernin widmete das Buch dem Andenken seines Freundes Albert Saint Julien, »*dem die Idee so sehr gefiel und der die Welt verlassen musste, bevor es fertig war*« (er starb nur 47-jährig im Dezember 1936). Und er hoffte, dass Saint Juliens Sinn für Fröhlichkeit und Menschlichkeit auf jeder Seite des Buchs zu finden sein würde.

Warum Salzburg?

> »*Kunst und Wirklichkeit, Theater und Leben:
> überall sonst sind's zwei getrennte Sphären.
> Hier bilden beide ein unlösbares Ganzes.*«
> (ERICH KÄSTNER, DER KLEINE GRENZVERKEHR)

Die Frage *Warum Salzburg?* setzt Ferdinand Czernin über das erste Kapitel seines Buchs. Und darauf kann es laut ihm nur eine Antwort geben: »*Es ist August. Es gibt tausend Gründe, im August nach Salzburg zu fahren, und sogar einige dafür, hinzufahren, wenn nicht August ist. Aber es gibt keinen Grund, im August nicht hinzufahren.*

Da gibt es zum einen die Festspiele mit all den Großen der Musik- und Theaterwelt, die sich dort versammeln, es wird furchtbar viel furchtbar gute Musik gespielt usw. Das sind schon einmal vier Gründe.

Die nächsten wären: weil der Herzog von Windsor hinfährt, weil Marlene (Dietrich) *es tut, weil die Browns letztes Jahr dort waren oder weil alle Menschen, die im* Who's Who *zu finden sind, und sogar ein oder zwei, die nicht drinnen stehen, entweder dort waren, dort sind oder eben hinfahren. Weil Lady Mendl ein Stammgast ist, ebenso wie die Hohenlohes und Cecil Beaton. Das sind noch einmal ein Dutzend Gründe. Sagt nicht: Im Gegenteil! Das wäre so unoriginell!*

Schließlich sind da noch die Schönheit des Ortes, der Charme seiner Menschen, das billige Leben (in den 1930er-Jahren), *die Bademöglichkeiten, das Fischen, die Jagd* (im nahen Umland) *und zuletzt die zwei wichtigsten Gründe:*

weil ihr noch nicht dort wart,
weil ihr dort wart und es liebt.« (XV f.)

Wenn man bedenkt, wie jung die Festspiele damals waren, so ist es erstaunlich, dass sie schon von den Großen der Welt besucht wurden. Mit dem Herzog von Windsor ist der abgedankte König Edward VIII. gemeint, der im Erscheinungsjahr von *This Salzburg!* Wallis Simpson heiratete und damit viel Presse machte. Die damals schon weltberühmte Marlene Dietrich lebte seit Beginn der 1930er-Jahre in Amerika, wo sie mit den größten Stars von Hollywood Filme drehte. 1939 nahm sie die amerikanische Staatsbürgerschaft an, um sich von der nationalsozialistischen Regierung Deutschlands zu distanzieren. Eine ebenso selbstbewusste Frau und Salzburg-Besucherin war Lady Mendl. Als Elsie de Wolfe in New York geboren, begann sie zunächst als Filmschauspielerin und betätigte sich ab 1905 als Amerikas erste professionelle Innenarchitektin. Auf einer Frankreichreisen hatte sie Sir Charles Ferdinand Mendl, den Attaché der britischen Botschaft in Paris, kennengelernt und 1926 geheiratet. Sogar der englische Universalkünstler Cecil Beaton kam nach Salzburg. Als Fotograf porträtierte er Könige, Aristokraten und die bekanntesten Künstler seiner Zeit. Als Kostümdesigner für den Film *My Fair Lady* erreichte er noch vierzig Jahre später Weltruhm.

Wenn Salzburg schon damals von Weltstars und von Reiselustigen dieser Welt besucht wurde, lag es nahe, ein Buch in englischer Sprache zu veröffentlichen. Das tat Ferdinand Czernin mit *This Salzburg!* als einer der Ersten und er entwickelte dafür einen eigenen literarischen Stil. Der Text ist originell, wortwitzig und intelligent geschrieben. Feinsinniges ist mit locker erzählten Geschichten gemischt, wie sie im Freundeskreis zum Besten gegeben werden. Bei der Lektüre des Buchs sieht man den Autor in einem Café oder an einer

Hotel-Bar sitzen, an einem Drink nippen und mit einem Zwinkern in den Augen vor sich hin plaudern. Czernin war sich aber auch der Aufgabe bewusst, Engländern und Amerikanern die Geschichte und die Bedeutung Salzburgs als Musik- und Theaterstadt vor Augen zu führen. Das gelang ihm, ohne sie mit Wissen zu überfrachten, und er unterhielt sie dabei auch noch gut. Wie modern er mit dieser Idee war, ist daran zu erkennen, dass das Buch bis heute nichts an Aktualität und Originalität eingebüßt hat.

Wir Österreicher

»*Das österreichische Volk ist von so sympathischem Wesen, dass man verführt wird, es für besser zu halten, als es vielleicht ist.*«
(**Annette Kolb**, *Festspieltage in Salzburg*)

Als guter Gastgeber stellt Czernin die Österreicher mit ihren mehr oder weniger liebenswürdigen und eigenwilligen Charaktereigenschaften vor, hebt aber gleichzeitig ihre Liebe zur Kunst, zu Musik und Theater sowie zur Schönheit in allen Bereichen des Lebens hervor. Diese ihre Ideale ergeben, gepaart mit dem »sympathischen Wesen«, was wir sind: »... *ein außerordentlich charmantes Volk. Wir wissen es und wir verlassen uns gerne darauf. Es hat uns schon aus zahlreichen Schlamasseln gerettet ... Wir Österreicher sind charmant, sehr charmant, und damit hat sich die Sache auch schon. Nein, noch nicht, denn wir lieben es, wenn man uns in Abständen darauf hinweist, wie charmant wir sind. Wenn ihr das gelegentlich macht (ungefähr zweimal pro Tag), werden wir ausgezeichnet miteinander auskommen.*

Wir Österreicher lieben Touristen, besonders die Angelsachsen! Wir lieben ihren Look, ihr Benehmen und ihr Geld. Zu allerletzt ihr Geld. Wir sind ängstliche Snobs in Bezug auf alles Angelsächsische; tatsächlich behaupten einige, dass wir damit zu weit gehen. Wenn ihr mit uns Englisch sprecht, werden wir uns für euch zerreißen. Gott weiß, warum. Wenn ihr uns nach einer Woche Bekanntschaft fragt, ob wir in England geboren wurden oder aufgewachsen sind, weil unser Englisch so perfekt ist, sind wir bereit, für euch zu sterben.« Österreicher – eigentlich alle deutschsprachigen Menschen – waren damals und sind noch heute jederzeit bereit, sich auf Englisch zu verständigen. Interessant ist, dass das schon in den 1930er-Jahren galt.

»Wir Österreicher lieben vergnügliche Dinge und wir nehmen das Vergnügen an, wo wir es finden. Wir sind da nicht so wählerisch.

Wir Österreicher haben einen starken Sinn für Humor und wir können vor Lachen über Dinge brüllen, die andere nicht im Geringsten komisch finden. Über euch vielleicht oder über uns selbst.

Wir Österreicher lieben Maskeraden und Theater … (Sie) rufen in uns enthusiastische Anfälle hervor. Lotte Lehmanns (deutsche Opernsängerin, 1888–1976) *Auftritte erscheinen uns z. B. wesentlich wichtiger als die Angelegenheiten des Völkerbunds.*

Wir Österreicher sind furchtbar höflich. Wir küssen die Hände der Damen, sooft sich eine Möglichkeit bietet, und machen ihnen schöne Augen. Wir sagen zu den schrecklichsten Leuten die nettesten Dinge, erst danach wird uns übel.« Letzteres würde ich als Österreicherin / Wienerin anders formulieren. Wenn wir – übertrieben – nette Dinge sagen, meinen wir sie manchmal höhnisch. Daher ist es wohl richtiger, zu bemerken, dass *»wir Österreicher … kaum Manieren* (haben). *Das ist Teil unseres Charmes und lustigerweise haben sich die Menschen daran gewöhnt.*

Wir Österreicher sind alle Genies. Zumindest glauben wir, welche zu sein, und das genügt uns und sollte auch euch genügen. Einem Genie muss man vieles vergeben. Bitte, macht das.

Wir Österreicher lieben Freizeit. Wir sind nicht gerade faul, aber ohne Freizeit geht bei uns gar nichts. Zeit mag Geld bedeuten, aber es braucht viel Freizeit, um die besten Dinge des Lebens zu erleben ...

Wir Österreicher sind außerordentlich musikalisch. Natürlich singen wir nicht den ganzen Tag lang Arien, noch jodeln wir die ganze Nacht hindurch. Da wissen wir uns bessere Dinge zu tun.«

Es folgt einer der erstaunlichsten Absätze des Buchs, der sich auf Annäherungsversuche von Männern in einem Taxi bezieht. Man würde nicht denken, dass diese Zeilen aus dem Jahr 1936 stammen. Mir fällt dazu eine Filmszene aus den 1970er-Jahren ein: Eine junge Frau steigt in ein Taxi, in dem schon ein Mann (Alain Delon) sitzt, der bald den Arm um sie legt. Sie ist darüber nicht nur überrascht, sondern auch wenig begeistert. Und so soll es schon vierzig Jahre früher zugegangen sein? »*Wir österreichischen Männer machen ... im Taxi immer Annäherungsversuche. Warum, weiß ich nicht. Vielleicht hat das Taxi eine Art Einfluss auf uns oder vielleicht ist es, weil wir denken, dass die Mädchen das von uns erwarten. Wenn ihr mit einem von uns in ein Taxi steigt, legen wir den Arm um euch. Nicht weil wir euch lieben, sondern weil ihr im selben Taxi sitzt. Sagt uns einfach vorher, dass ihr keine Lust auf Umarmungen habt, und wir sind wahrscheinlich sehr erleichtert und machen es nicht. Aber das würdet ihr nicht wirklich sagen, oder?*«

In der Aufzählung folgt eine weitere typische Eigenart unseres Volks: »*Wir Österreicher nörgeln gerne über alles Österreichische, aber wehe euch, wenn ihr das auch macht. Nur wir dürfen nörgeln. Damit müsst ihr euch abfinden.*

Wir Österreicher haben alle eine große Seele. Die meisten von uns tragen sie auch auf der Zunge. Sagt etwas Nettes darüber, wenn euch etwas einfällt. Es ist so einfach, da unsere

Seelen etwas Herrliches sind, und wir schätzen es sehr, wenn ihr das bemerkt.

Wir Österreicher haben alle eine Vergangenheit. Eine schöne Vergangenheit, in der alles viel besser war und wir mehr Geld und weniger Sorgen hatten ...

Wir österreichischen Mädchen sind nicht halb so scharf, wie wir aussehen. Und solange wir Mädchen sind, neigen wir dazu, die Liebe sehr ernst zu nehmen. Fangt also besser nichts mit uns an, damit wir uns nicht in euch verlieben.

Wir Österreicher ärgern uns noch immer, dass wir den einen und einzigen Weltkrieg (Anm.: Der Zweite Weltkrieg stand kurz bevor) *verloren haben. Sagt uns also bitte nicht, dass ihr wirklich ›nichts gegen Österreich habt‹ und dass euch leidtut, was geschehen ist‹ ...*

Wir Österreicher fühlen uns nur wirklich glücklich, wenn wir bedauert werden. Da haben wir dann etwas, worüber wir lachen und worauf wir stolz sein können ...

Wir Österreicher ... fühlen uns vollständig eins mit der Natur, mit der Schönheit des Landes und mit der Kunst, sodass wir sie als natürlich hinnehmen. Wenn Leute kommen und wegen der Schönheit von alldem ein riesiges Geschrei anstimmen, geht uns das auf die Nerven. Wenn sie die Schönheit nicht ruhig hinnehmen können, sondern wegen jedem Sonnenuntergang ein riesiges Theater machen, ziehen wir uns von ihnen zurück. Natürlich mögen wir es, aber kreischen wir oder ihr jedes Mal enthusiastisch, wenn ihr einatmet oder den Atem wieder durch eure rosigen Nasenlöcher ausstoßt? Wir machen es nicht. Für uns ist Schönheit so natürlich wie Atmen. Obwohl einige von uns kranke Lungen haben.« (1 ff.)

Der letzte Satz ist typisch für Czernin. Wenn er fürchtete, zu kitschig zu werden, schwenkte er ins Gegenteil um. Schönheit und Kunst gehörten für ihn zum Leben, zum Atmen.

Dass einige kranke Lungen und ergo dessen Probleme mit der Atmung haben, stellt einen Bruch dar. Die kranken Lungen sind vermutlich nicht nur als organische Krankheit zu verstehen, sondern auch im übertragenen Sinn als psychische Auffälligkeit: kranke Lungen – kranker Geist …?

Wie nun zum Thema Salzburg überleiten?

*»An der Mittagstafel lernte ich die Amerikaner,
die alle als schmucke Tiroler daherkamen, kennen ...«*
(ERICH KÄSTNER, DER KLEINE GRENZVERKEHR)

Um von den Österreichern zum Hauptinhalt des Buchs zurückzukommen, bedient sich der Autor abermals einer Frage: *Wie nun zum Thema Salzburg überleiten?* Er beantwortet das knapp: »*Salzburg ist eine Stadt in Österreich. Das ist so ziemlich das Einzige, was ich bereit bin zuzugeben. Es ist ein uraltes Vorurteil der Angelsachsen, dass Salzburg eine Stadt in Tirol ist. Nun, das ist sie nicht. Nur um der Genauigkeit willen erwähne ich, dass sie nicht in Tirol, sondern im Bundesland Salzburg liegt, noch wird sie von Tirolern bewohnt, sondern im Winter von Salzburgern und im Sommer von Touristen; und die Bewohner tragen keine Tiroler, sondern entweder Salzburger Tracht oder Fantasie-Tracht. Ich erwähne das für mein eigenes Seelenheil, aber ich werde von nun an alles ›Salzburgerische‹ als ›Tirolerisch‹ bezeichnen, da nur Narren und Bulldoggen versuchen würden, angelsächsische Vorurteile zu bekämpfen. Jedenfalls ist ›Salzburgerisch‹ recht sperrig, während ›Tirolerisch‹ schöner und vielsagender klingt.*

Welchen Unterschied macht das schon für euch? Alles, was ihr im österreichischen Tirol (im Unterschied zu Südtirol, das damals schon seit sechzehn Jahren zu Italien gehörte) zu finden hofft, ist auch in Salzburg zu finden: die Rasierpinsel auf den Hüten der Leute, die Lederhosen, behaarte Männerbrüste, die göttlich-kehlige Aussprache des Englischen und den lieblichen Schuhplattler, der von einem kleinen Genie der österreichischen Fremdenverkehrsindustrie so treffend als thigh-slapping-dance *(»Auf-die-Oberschenkel-Klopfen-Tanz«) ins Englische übersetzt wurde.*

Es gibt in Salzburg hohe, schneebedeckte Berge, blaue Gebirgsbäche und süße, unschuldig schauende Mädchen, und zwar so viele, wie ihr und eure Landsmänner es euch nur wünschen könnt ...«

Die Vorbereitung auf die Reise zu den Festspielen nach Salzburg war in den 1930er-Jahren für Engländer, noch mehr für Amerikaner, eine komplizierte Angelegenheit, weshalb der Autor in diesem Kapitel einige Ratschläge im Zusammenhang mit der Bestellung eines Hotelzimmers gibt. Es ist heute beinahe unvorstellbar, wie kompliziert das damals für Ausländer, vor allem für Amerikaner, gewesen sein muss: Briefe zu schreiben, die Salzburg erreichten, in verständlichem Englisch beantwortet wurden und den Weg zurück über den Atlantik nahmen. Das Internet hat die Korrespondenz und die Suche nach einem Hotelzimmer wesentlich erleichtert. Dass die Zimmersuche für die Zeit des Festspielsommers auch heute nicht einfach ist, hängt damit zusammen, dass die meisten Hotels die Preise in der Hochsaison vervielfachen und dennoch voll ausgebucht sind. Die Zimmer-Anfrage-Geschichte aus den 1930er-Jahren ist auf jeden Fall eine nette Reminiszenz an die Zeit, als unsere Großeltern nach Salzburg oder anderswohin unterwegs waren.

»Schreibt einen gefühlvollen, höflichen Brief und sprecht den Hotelmanager mit ›Sehr geehrter Herr!‹ an. Wenn ihr denkt, dass es hilfreich wäre, fügt eine Fotografie bei und gebt euer Alter an (das gilt nur für Frauen). Lasst euch nicht entmutigen, wenn ihr diese oder eine ähnliche Antwort erhaltet:

›Sehr geehrte gnädige Frau und / oder sehr geehrter gnädiger Herr! Wir bedauern, Sie dieses Jahr nicht unterbringen zu können, da wir völlig ausgebucht sind. Wir würden uns freuen, für Sie für August n. J. ein Zimmer zu reservieren.‹

Schreibt noch einmal, diesmal vielleicht noch höflicher, verliert nicht die Beherrschung, denn ihr wollt schließlich nach Salzburg reisen, nicht wahr? Schreibt genauer über euer Einkommen und falls ihr zufällig mit Randolph Hearst (amerikanischer Verleger und Großunternehmer) *oder einem anderen Schwergewicht im Publicity-Geschäft verwandt oder bekannt seid, fügt es hinzu. Es könnte helfen. Versucht es weiter und ihr werdet am Ende bestimmt eine positive Antwort erhalten. Erinnert euch, dass Beharrlichkeit das angelsächsische Volk dorthin gebracht hat, wo es heute steht.*

Sind die Zimmer einmal reserviert, müsst ihr nur noch eure Koffer packen, den Schlafwagen oder einen Sitzplatz im Zug buchen und hinreisen. Den Wagen könnt ihr mit dem Chauffeur vorausschicken oder auch selbst hinfahren …

Bei der Ankunft (am Bahnhof) *überlasst ihr eure Sachen einem dieser gut aussehenden Kofferträger in Lederhosen, der euch seine Nummer gibt und verschwindet. Es ist sehr wahrscheinlich, dass ihr ihn nie wieder sehen werdet. Für mich ist das eines der größten Geheimnisse Salzburgs, warum ein Träger das Gepäck beim Zug übernimmt und ein anderer es einem eine halbe Stunde später außerhalb des Bahnhofs übergibt. Es hat vielleicht etwas mit* (der herrschenden) *Arbeitslosigkeit zu tun, vielleicht ist es auch nur eine Frage der Organisation oder einfach eine subtile Form dieses herrlichen österreichischen Sinns für Humor. Denn es ist wirklich lustig, all diese Menschen in den verschiedensten Sprachen plappern zu sehen, die während des Wartens auf ihr Gepäck minütlich aufgeregter werden, die Gesichter aller Träger und Nummernschilder fixieren und schließlich in den verschiedensten Aussprachevariationen ihres Deutsch ›dreiunddreißig‹ brüllen. Ich habe mich oft gefragt, ob die Träger das alles von einem kleinen, versteckten Fenster aus beobachten. Denn genau in dem Moment, knapp bevor der Besucher kollabiert und sich Schaum vor seinem Mund bildet, erscheint der Träger, nicht der mit der Nummer ›dreiunddreißig‹, aber vielleicht der mit der Nummer ›zwei‹, was man recht einfach hätte aussprechen können, und händigt einem lächelnd das Gepäck aus.*

Hat man es einmal bekommen und dem Träger das Geschuldete gegeben (die Gebühr plus 20 %), kann man in den Hotel-Bus steigen … (Taxis) sind für kurze Distanzen nicht geeignet, da man mit dem Mann, der beim Wagen steht, für jede Fahrt vorweg den Preis festlegen muss. Das braucht üblicherweise eine halbe Stunde, also kommt ihr zu Fuß wahrscheinlich viel schneller hin.

Werdet bitte nicht wütend, wenn ihr bei der Ankunft feststellt, dass doch kein Zimmer für euch zur Verfügung steht. Denkt daran: Es ist Salzburg während der Festspielzeit. Schaut euch um, und ihr werdet bemerken, dass ihr nicht die einzigen Gäste seid und dass der Manager ohnehin sein Bestes gibt. Er wird sicher ein Badezimmer für euch auftun oder euch für die ersten Nächte zumindest ein Fauteuil in der Lounge reservieren. Schließlich haben schon zahllose Rothschilds und manch ein Rothschildless in einem Salzburger Badezimmer übernachtet und waren dankbar dafür.« Das Wortspiel mit dem Namen Rothschild funktioniert nur im Englischen. Der Name wird zungenbrecherisch »Roth's Child« ausgesprochen, was so viel wie das »Kind von Roth« bedeutet. »Rothschildless« wären »Roths ohne Kind« oder »kinderlose Roths«.

Ob man den im Text folgenden Ratschlag befolgen soll – ich weiß es nicht. Mein Mann und ich versuchen immer, dem

Hotelpersonal gegenüber höflich zu sein. Allerdings gibt es auch in unseren Tagen hin und wieder Hotelgäste, die das Buch offensichtlich gelesen haben und den Tipp beherzigen. *»Seid am Anfang grob mit den Leuten, damit sie wissen, dass ihr von einiger Bedeutung seid. Später kann man immer noch höflich sein.* In den Hotel-Jargon übersetzt heißt das: Macht es den Leuten anfangs nicht zu einfach, lasst sie anecken, sie werden sich später über eure Nettigkeit freuen. Das Kapitel endet mit einem (möglichen) Hotelzimmer-Happy-End: *»Vielleicht habt ihr Glück und alles ist in Ordnung. Ihr findet eure Zimmer wie bestellt, das Badezimmer ist gleich um die Ecke* (es gab damals auch in den besten Hotels kaum Zimmer mit Bad), *ein aufmerksames Zimmermädchen sagt: ›Is the lady O.K., please?‹, was bedeutet: ›Ich hoffe, Sie haben alles, was Sie benötigen, Madame‹, euer Fenster geht zur Salzach, der Himmel ist blau und ein süßer Geruch von Heu und Kaffee liegt in der Luft, die Glocken läuten und ihr habt es wirklich nach Salzburg geschafft.«* (7 ff.)

Kein anderer Rat, als wo man wohnen kann

»... altrenommiertes Haus mit allen modernen Bequemlichkeiten –
Fließwasser und Telephon in allen Zimmern. Zimmer von S 6,- aufw.
Restaurant von Ruf«
(Hotelwerbung, Salzburger Illustrierte, Nr. 3/1936)

In diesem Kapitel darf man keine Ratschläge erwarten, in welchem Hotel man während der Festspielzeit absteigen soll. Der Autor wagt aus begreiflichem Grund nicht, welche zu geben. *»Stellt euch nur vor, ich würde euch die Blaue Gans empfehlen, wie zornig wären die Manager all der anderen Hotels? Ich kann euch nur raten, im Baedeker nachzuschlagen und danach vorzugehen. Es ist so ein verlässliches kleines Buch ... Ich bin jung, ich möchte nicht gelyncht werden, also werde ich keine Empfehlungen abgeben.*

Wo immer ihr absteigt – es kann die kleinste und billigste Pension sein, die manchmal auch die netteste ist –, könnt ihr sicher sein, sie makellos sauber vorzufinden. Ihr werdet persönlichen Service genießen und frische österreichische Küche.

Der Charme der meisten österreichischen Gasthäuser und Herbergen, die großen internationalen Grand Hotels ausgenommen, liegt im Anhängen an mittelalterliche Unwirtschaftlichkeit und darin, dass sie von den Bräuchen und Ideen des 20. Jahrhunderts weit entfernt sind ... Nehmt diese Orte bitte so an, wie ihr sie vorfindet, und verderbt die Leute um Himmels willen nicht. Akzeptiert die Dinge und die Menschen, wie sie sind, jeder entzückend auf seine Art. Versucht nicht, sie in der

Art der westlichen Zivilisation zu erziehen, und denkt daran, dass sie das, was ihnen an Badezimmern fehlt, mit ihrer netten Art wettmachen ...« Damals gab es in kleinen Beherbergungsbetrieben noch lange keine Duschen oder Badewannen, und schon gar nicht in den Zimmern. Dieser Zustand hielt sich bis in die 1960er-, 1970er-Jahre (in ländlichen Regionen noch länger). In den Zimmern standen Waschschüsseln und mit Wasser gefüllte Krüge, im besten Fall gab es ein Waschbecken und fließendes Wasser. Die Toilette befand noch lange Zeit auf dem Gang und wurde von mehreren Gästen benutzt.

Der folgende letzte Absatz des Kapitels ist selbstverständlich nicht ganz wörtlich zu nehmen. »*Alles in allem ist ein Aufenthalt in Salzburg ähnlich, wie ein Spiel zu spielen. Ihr müsst in seinen Geist eintauchen, um es zu genießen. Es macht sich nicht gut, die Nase hoch zu tragen und sich reserviert zu geben. Das könnt ihr zu Hause machen. Zieht euch hübsch an, jodelt, trinkt euren Kaffee, mischt euch unter die Intellektuellen und gebt vor, auch einigen Intellekt zu besitzen. Schlagt auf eure Waden, betrinkt euch um der Wichtigkeit und der Schönheit willen (einschließlich von euch selbst), lasst euch gehen und lasst die anderen auch sie selbst sein! ...*

Spielt das Salzburg-Spiel. König Edward VIII. (später im Text Herzog von Windsor genannt) *wusste, warum er sich im Café Bazar in die Menschenmenge setzte und sich auf die Füße treten ließ, als alle herbeistürzten, um einen guten Blick auf Marlene Dietrich zu erhaschen. Er spielte das Salzburg-Spiel, und er sah aus, als hätte er es auch gemocht.*« (15 ff.)

Ein Kapitel über das Mieten eines Hauses und wie man ein P.G. wird

»(Ein Schauspieler) *hat sich bei seiner Kollegin Frieda Richard eingemietet, deren Tochter bekanntlich in der Villa Richard eine kleine Pension für* Paying Guests – *die … falls es sich nicht um ausübende Künstler handelt, schon von guten Eltern sein müssen, um Aufnahme zu finden – betreibt.«*
(SALZBURGER ILLUSTRIERTE, NR. 1/1936)

Wie Touristen Kontakt, mitunter sogar innigen Kontakt zu den Einheimischen aufbauen und tiefer in das Festspielgeschehen eindringen können – davon ist in diesem Kapitel die Rede. Es geht um das Mieten von Unterkünften, wie das schon seit urdenklichen Zeiten getan wird. Ein *P.G.* = ein *Paying Guest* oder ein zahlender Gast zu sein aber war eine Besonderheit dieser Epoche. Privatleute nahmen – meist für die Dauer der Festspielzeit – gegen Bezahlung Gäste in ihren Wohnungen oder Häusern auf. Vermögende Salzburg-Besucher mieteten ganze Gebäude »*und ich habe gehört, dass es viel Spaß macht. Ihr könnt ein Haus in Salzburg oder in der Umgebung mieten. Kleine Cottages, Villen oder beeindruckende Schlösser. Alles, was ihr wollt. Beinahe jeder wird aus ihrem oder seinem Haus ausziehen und es euch überlassen, wenn ihr euer Scheckbuch* (damals international die gängigste Zahlungsmethode) *präsentiert … Ihr übernehmt die Wäsche, das Silber, die Hausangestellten und alles andere. Das Einzige, was ihr meist versperrt vorfinden werdet, ist der Weinkeller. Daran erkennt ihr, welche Reputation ihr habt. Doch der nächste Lebensmittelhändler versorgt euch mit allem Whisky und Gin, den ihr braucht; selbst wenn er dafür zweimal pro Tag* (jemanden) *in die Stadt schicken muss. Er ist ein zuvorkommender Mann.*

Natürlich werdet ihr eine Hausparty geben. Hauspartys sind meist ein Riesenspaß ...« und sie können bei jedem Wetter veranstaltet werden. Die folgenden Zeilen über den häufigen Regen in Salzburg spielen auf einen damals populären Schlager an. Ralph Benatzkys Operette *Im weißen Rössl* war 1930 uraufgeführt worden, viele der Lieder wurden rasch bekannte Hits. Ein Schlager ist dem klassisch nassen Wetter gewidmet (*Wenn es hier mal richtig regnet, ja dann regnet es sich ein*), das die Region zwischen Salzburg und Salzkammergut bis heute auch im Sommer beherrscht. »*Ladet* (deshalb) *Leute ein, die gern Indoor-Sport betreiben. Die ihn wirklich lieben und sich ihm gern wochenlang hingeben. Denn es könnte zu regnen beginnen, und wenn es im Salzkammergut einmal anfängt, dann hört es nie wieder auf.*«

Statt nach einem Haus oder einem Hotelzimmer zu suchen, konnten Fremde damals auch als P.G.s bei Privatleuten unterkommen. Das barg angesichts der Nähe zu den einheimischen Gastgebern viele Vorteile. »*Man wird sofort Leben und Seele der Stadt; alles scheint sich um einen zu drehen und alles sieht aus dem Blickwinkel eines P.G. anders aus. Es ist nicht schwer, ein P.G. zu werden. Jeder wird euch haben wollen. Tatsächlich ist der P.G. etwas, um den alle elf Monate im Jahr beten und für den sie leben. Gräfinnen-Witwen werden für euch aus ihren Schlafzimmern ausziehen und sich im stattlichen Schloss, das sie bewohnen, in den Trakt der Hausangestellten zurückziehen. Jede ›Frau Hofrat‹ und jede ›Frau Regierungsrat‹ wird euch in ihrem Haus oder in ihrer Wohnung willkommen heißen und hörbar vor Freude glucksen.*

Selbst der Schneider hat einen kleinen Raum übrig, der im August einen P. G. beherbergt, und auch der Rauchfangkehrer hat sein Schlafzimmer für euch hübsch hergerichtet. Er wird in der Zwischenzeit in einem gemütlichen Kamin – oder Gott weiß wo – übernachten.

Ihr seht also, ihr könnt das P.-G.-Sein nach eurem Geschmack einrichten. Es gibt für jeden, je nach Höhe des Bankkontos, die passende P.-G.-Möglichkeit. Für 6 Schilling bis zu einem Guinea pro Tag bekommt ihr ein Zimmer mit Essen. Das Leben einer österreichischen Familie ist im Angebot mit inbegriffen.

Wenn ihr die Tatsache nicht akzeptieren könnt, dass wir Österreicher bezaubernde Menschen sind, würde ich euch abraten, ein P. G. zu werden, weil ihr niemals glaubwürdig sein werdet. Und ein schlechter P. G. ist schlimmer als gar keiner. P. G. zu sein hat seine Annehmlichkeiten, es umfasst aber auch einige Verpflichtungen. Als P. G. wird man Mitglied des Haushalts, lebt das Familienleben mit, teilt mit dem Gastgeber – je nach seiner sozialen Position – das Leben und genießt Einblick in die österreichische Seele, etwas, das jeder Österreicher in hohem Maße besitzt, und das Einzige, worauf er noch stolzer ist als auf sein Englisch.

Vergesst nicht, dass ihr als P. G. Bestandteil des Salzburger Festspiellebens seid und dass Salzburg im August ohne euch nur irgendeine Touristenstadt wie hundert andere auf dem Kontinent wäre. Vergesst nicht, dass der soziale Status eures Gastgebers sehr von euch und eurem Benehmen abhängt. Einen P. G. vergisst man nicht, wenn der August vorbei ist. Euer Geist wird noch lange nach eurer Abreise nachwirken. Wenn der September da ist, Salzburg seine kosmopolitische Rolle aufgibt und die Salzburger wieder die Verantwortung für ihre Stadt übernehmen, kommt die Zeit, in der sich die sozialen Positionen festigen oder verschlechtern. Und nur aus dem einfachen Grund, weil der eine einen guten und der andere einen schlechten P.G. hatte ... Der Standard, den der Salzburger mit dem P.G. festlegt, wurde zum sozialen Barometer der Stadt. Denkt daran, und wenn ihr euren Gastgeber so liebt wie er euch, benehmt euch!

Wenn euch die Mitglieder eines Haushalts an ihre Brust drücken, beginnt euer P.-G.-Sein und wird zumindest vier Wochen anhalten. Vier Wochen, die für euch voll Überraschungen, voll Freude, voll Musik, voll Sonne oder voll Regen sein werden.

Es gibt etwas, womit ein P.G. reich beschenkt wird, und das ist Konversation. Meist intelligente, die je nach der Leidenschaft eures Gastgebers für Mozart und Strauss von internationaler Politik, Kunst im Allgemeinen, dem Innenleben von Autos bis – und das ist am überraschendsten – zu euren Gefühlen reicht. Konversation ist in Österreich immer persönlich, ganz egal, ob ihr über Kommunismus, Bücher, Hundezucht oder über die beste Art zu schlafen sprecht. Es ist immer eine persönliche Angelegenheit, die bis zum Ende ausgefochten wird. In den ersten vierzehn Tagen werdet ihr euch schämen, eine eigene Seele zu haben. Ein paar Wochen später werdet ihr euch in der Freude eurer neuen Entdeckung suhlen. Ihr werdet in einer österreichischen Familie nicht die angelsächsische Zurückhaltung in Bezug auf euer Innenleben vorfinden. Ihr werdet überrascht sein, was ihr nach vier Wochen P.-G.-Sein über euch und eure Seele wissen werdet.

Alles – ich meine, ein P.G. zu sein – wird sich für euch als sehr interessante Erfahrung herausstellen. Nicht, dass ihr nach Österreich kommen sollt, um soziale Probleme oder Psychoanalyse zu studieren; aber es wird euch helfen, alles aus einem anderen Blickwinkel zu betrachten, weil ihr die Chance habt, die Welt und die Kreaturen, die sie bevölkern, von einem Standpunkt aus zu betrachten, wie ihr es wahrscheinlich nicht im Geringsten gewohnt seid ...«

Die Auseinandersetzung mit der Seele war damals hochaktuell. Sie hängt mit der noch recht jungen Wissenschaft der Psychoanalyse zusammen. Sigmund Freud hatte sich um die vorausgegangene Jahrhundertwende als einer der Ersten damit beschäftigt. Daraufhin war die Seelenerforschung so populär geworden, dass sie als Gesprächsstoff Eingang in die Gesellschaft und in die Haushalte Österreichs gefunden hatte. Mit meist geringem Vorwissen, aber viel Einfühlungsvermögen mutierte jeder zum Gesprächstherapeuten. Diese Leidenschaft ist den Österreichern geblieben. Man muss sich nur in ein Kaffeehaus setzen, vorgeben, Zeitung zu lesen, und den Gesprächen an den Nebentischen lauschen. Es wird mit hoher Wahrscheinlichkeit Psychoanalyse betrieben.

Im Zusammenhang mit einer anderen Leidenschaft des Homo Austriacus, dem Stolz, Fremdsprachen zu beherrschen, steht der folgende Absatz: »*... glaubt bitte nicht, dass ihr in einem österreichischen Haushalt Deutsch lernen werdet. Jeder wird mit euch Englisch sprechen; ein Englisch, das gut, mittelmäßig oder schlecht sein kann. Aber jeder wird rundweg ablehnen, mit euch Deutsch zu sprechen ...*« Der Eifer der Österreicher, mit ausländischen Gästen Englisch zu sprechen, hängt – so glaube ich – mehr mit Höflichkeit zusammen. Da unsere Sprache eindeutig die schwierigere ist und man spürt, dass dem Gegenüber Aussprache, Grammatik und Satzstellung schwerfallen, schwenkt man auf das einfachere Englisch um.

Salzburg die Ehre erweisen

>*Immer noch scheint mir* (die Stadt) *von der gleichen unzerstörbaren, stets ein wenig Distanz haltenden Jugendlichkeit erfüllt, ein wichtiger Grund, warum man sich an* (ihr) ... *nie sattsehen kann. Niemals verliert sie den Reiz des Feierlichen, des Geheimnisvollen, Märchenhaften.«*
> (**Bernhard Paumgartner**, *Salzburg*)

Ratschläge zum richtigen Verhalten in Salzburg während der Festspielzeit, ohne als angelsächsischer Tourist aufzufallen, finden sich in diesem Kapitel. »*Salzburg muss man* (als historische, als Kultur- und als Festspielstadt) *die Ehre erweisen. Man kann nicht kommen und einfach nur Engländer oder Amerikaner sein. Man würde sich eines großen Vergnügens berauben. Fügt euch ein, lernt die Menschen mit ›Grias Gott‹ zu begrüßen und wartet auf ihre melodiösen Antworten. Es wird wahrscheinlich ›Hau-du-yu-du!‹ sein, was wie ein Jodler klingt und »Einen schönen guten Morgen« bedeutet. Ich weiß, wie man euch in eurer Sprache begrüßt. Ich bin ein höflicher Österreicher und mache etwas für den Tourismus. Wenn ihr es jemals so weit bringt, mit ›Grias Gott‹ begrüßt zu werden, seid ihr weit gekommen, da man euch für einen Einheimischen hält, falls man euch nicht auf die Probe gestellt hat.*

Mit all der Tiroler Mode, die weltweit verschickt wird, ist es sehr wahrscheinlich, dass ihr alle möglichen falschen Ideen im Kopf habt. Das Leben ist in diesem Teil der Welt nicht anders als an anderen Orten ... Die Salzburger können sich wie gewöhnliche Menschen benehmen. Sie machen wirklich nichts Außergewöhnliches, außer dass sie einheimisch aussehen. Das werdet ihr nur in den ersten Stunden eures Aufenthalts komisch finden und ihr dürft darüber auch ein wenig unhöflich lachen.

Ärgert euch dann aber nicht, wenn jemand ein paar Tage später bei eurem Anblick in brüllendes Gelächter ausbricht. Es ist nur ein Neuling, der jetzt ein wenig unhöflich lacht ...

Nehmt eure (englischen) Guards'-Krawatten ab und zieht die Schuhe aus, die so offensichtlich von Moykopf stammen (Exemplare aus den 1930er-Jahren finden sich im Victoria-&-Albert-Museum in London). *Das sollte helfen. Lasst euch mit dem* Wiener Journal *statt mit dem* Daily Express *sehen oder, vielleicht noch besser, mit dem* Popolo d'Italia (Letzteres ist nicht ernst gemeint, der *Popolo d'Italia* war eine politische Tageszeitung, die Benito Mussolini 1914 gegründet hatte). *Das sind nur ein paar Tricks und ihr werdet für Einheimische gehalten, bevor ihr wisst, wo ihr seid.*

Salzburg die Ehre zu erweisen besteht aber nicht nur darin, sein Äußeres zu verändern. Ihr müsst auch die Kunst des richtigen Benehmens in einem Kaffeehaus lernen, euren Schwarzen mit Schlag so bestellen, als hättet ihr das seit eurer Kindheit gemacht, und während ihr die Zeitung lest, gleichzeitig den Gesprächen am Nebentisch lauschen ...

Dem gewöhnlichen Salzburger bereitet das Leben nicht viele Probleme; es ist da und muss nur gelebt werden. Es ist euer Job, das Beste daraus zu machen. Die Salzburger haben ein ganzes Leben lang Zeit, sich den besten Dingen des Lebens zu widmen, die diese Welt zu bieten hat, und es braucht gewöhnlich ein ganzes Leben, das zu erreichen.

Witzig ist, dass Reichtum hier keine besonders große Rolle spielt. Es ist nett, Geld zu besitzen, aber auch ohne ist das Leben wunderbar und jede Minute davon ein Vergnügen.

Gefühle, Weisheit, intelligente und schwachsinnige Ansichten über Kunst und Schönheit, kluge oder zynische Bemerkungen zu jedem Thema unter der Sonne können nicht in Geld abgegolten werden. Sie stellen eine eigene Währung dar. Witz wird mit Witz bezahlt, Gefühle werden mit Gefühlen abgegolten und die Schönheit steht einem Bettler und einem reichen Mann gratis zur Verfügung. Natürlich können Menschen, die 500 000 (ohne Angabe der Währung) pro Jahr verdienen, witziger sein als die, die nichts haben. Die durchschnittliche (Menschen-)Seele mit großem Bankkonto ist üblicherweise interessanter als die ohne, aber im Großen und Ganzen ist eine Seele so gut wie die andere …

Keine Angst! Ihr werdet den Dreh bald herausbekommen. Es ist nicht wirklich schwer, wie die Salzburger zu leben, und es wird über die Jahre hin einfacher. Bald werdet ihr sehr, sehr angelsächsisch aussehen müssen, um als Einheimischer zu gelten. Die meisten Salzburger machen das oder versuchen es jedenfalls.« (26 ff.)

Die Kleiderfrage

Viele Ausländer »*wollen, was die Tracht anbelangt,
die Einheimischen übertrumpfen und kommen voll kindlichen
Stolzes als Pinzgauer Bauern daher, oder als Lungauer Bäuerinnen*«.
(ERICH KÄSTNER, DER KLEINE GRENZVERKEHR)

Die Anpassung der zur Festspielzeit in der Stadt weilenden Touristen an die heimische Bevölkerung ist ein großes Thema von *This Salzburg!* Vieles spielt darauf an, dass Engländer und Amerikaner glaubten (und es bis heute glauben), dass Österreicher eine Art Märchenbuch-Leben führen und dass sie sich an diesen Lebensstil anpassen müssen. 1930 war die Operette *Im weißen Rössl* uraufgeführt worden, die das Image der Österreicher und ihrer Kleidung »festlegte«. Auch Johanna Spyris Roman *Heidi* war in den 1930er-Jahren sehr populär. Er war 1880 erstmals erschienen, wurde wenig später ins Französische und ins Englische übersetzt und gehörte schon damals zu den weltweit bekanntesten Kinderbüchern. Das Klischee des Süße-Welt-Lebens wurde später durch die Verfilmung von *The Sound of Music* verstärkt und gefestigt. Viele Engländer und Amerikaner denken, dass Salzburger – und generell alle Österreicher – den Tag über wie Julie Andrews und die Trapp-Kinder singend über Almwiesen laufen. Im Zusammenhang damit steht auch das folgende, nicht ganz ernst zu nehmende Kapitel über das Tragen von Dirndln und Trachten.

Obwohl die Menschen in ländlichen Regionen damals häufig noch traditionell gekleidet waren, bevorzugten Städter / Salzburger in den 1930er-Jahren schon die Kleidung der westlichen Welt. Was nicht bedeutet, dass das Tragen von Trachtkleidung aufgegeben wurde. Gerade in Salzburg gibt es bis heute zahlreiche Trachten- und Brauchtumsvereine, die die Tradition aufrechterhalten. Dass dem Dirndl eine derart hohe Bedeutung zukommt, liegt an seiner (Kultur-)Geschichte. Es war in seiner Gesamtform mit Bluse, Leib, Rock und Schürze das Kleidungsstück der Frau (spätestens) ab dem Mittelalter bis ins 19. Jahrhundert. Erst danach kam es zu einer Änderung: Ober- und Unterteil wurden zum Kleid zusammengefügt. Modische Details, wie schwarze Spitzenblusen, kurze Rocklängen sowie Fantasie- und Glitzerstoffe, haben mit dem ursprünglichen Dirndlkleid nichts zu tun. Ähnliche Entwicklungen gab es schon in den 1930er-Jahren, worauf der im englischen Original häufig verwendete Begriff »fancy dress« (Fantasie, Verkleidung) anspielt.

»Wenn ihr einmal hier angekommen seid und euch gemütlich eingerichtet habt, beginnt euer Job, in den Geist der Festspielstadt einzutauchen. In den ersten vierundzwanzig Stunden eures Aufenthalts werdet ihr euch furchtbar eurer städtischen Kleidung schämen und ihr werdet eilig beginnen, euch in echte ›Tiroler‹ zu verwandeln.

Als Frau hat man es vergleichsweise einfach: Man geht zu Lanz (das Unternehmen Lanz Trachten, das es seit 1922 gibt) ... oder in ein anderes dieser Kleidergeschäfte und kauft die Stücke, die einem gefallen. Natürlich wird man in dieser Kleidung nicht ›tirolerischer‹ aussehen, andererseits sieht kaum jemand in Salzburg so aus. Da ihr wahrscheinlich glaubt, dass ihr so aussieht, und darüber vollkommen glücklich seid, ist das alles, was zählt.

Ihr werdet das Geschäft in einem süß aussehenden, sehr kleidsamen Fantasie-Dirndl verlassen, das nur im Entferntesten etwas mit der Tracht der Einheimischen zu tun hat. Wenn ihr eine (gute) Figur habt, wird es sie wunderbar unterstreichen und ihr werdet so jung und frisch aussehen wie in den letzten zwanzig Jahren nicht. Es ist auch nicht wirklich von Bedeutung, ob ihr Geschmack habt oder nicht, denn wenn ihr keinen habt, hat Sepp Lanz sicher genug und er wird euch sagen, was ihr tragen sollt. Anständige Mädchen und ältere Damen sollten auf keinen Fall kurze Lederhosen tragen; sie sehen von hinten nicht sehr vorteilhaft aus ... und sie machen Männern Lust, euch einen Klaps auf einen Teil der Anatomie zu geben, der vor langer Zeit so behandelt wurde, als ihr das Tintenfass eures Vaters umgeworfen habt, dessen Inhalt sich auf seinen weißen Flanelltaschen ausbreitete (körperliche Bestrafung eines Kindes war damals noch erlaubt, das Verbot besteht in Österreich erst seit 1989). Zieht einfach ein Dirndl mit Blumenmuster an, damit ihr euch zu Hause fühlt, und tragt es so, dass sich die Menschen auf der Straße nach euch umdrehen und euch anstarren.

Vor einigen Jahren konnte selbst ein unerfahrenes Auge einen Einheimischen leicht von einer Nachahmung unterscheiden. Heute ist das schwieriger, teilweise weil die Fremden sich besser den Originalen anpassen und auch weil die einheimischen Damen begannen, Fantasie-Dirndl zu tragen, nachdem sie (die damals junge und populäre Operette) Im weißen Rössl *gesehen haben.*

Es ist keine gute Idee, Marlene übertreffen zu wollen. Das wird euch nie gelingen. Ihr seid einfach nicht mutig genug, ein knallgrünes Cape mit roten Kniestrümpfen und einem kanariengelben Hut zu tragen. MGM zahlt euch auch nicht dafür, dass man euch anstarrt oder dass ihr overdressed seid ...

Das leichte und luftige Dirndl wird euch durch die schönen Tage begleiten, es wird aber alles komplizierter, wenn einmal der berühmte Salzburger Schnürlregen beginnt.

Marlene Dietrich (M.) mit ihrer Tochter und einer Freundin bei einem Spaziergang anlässlich ihres Besuchs der Salzburger Festspiele, 1936.

Die Einheimischen tragen bei dieser Gelegenheit hübsche bunte Regenschirme, die zweimal so groß sind wie die üblichen, und sie sehen damit unglaublich gut aus. Warum nicht alle Menschen sie verwenden, weiß ich nicht. Loden ist etwas, das jeder an Regentagen trägt. Grauer Loden, grüner Loden, brauner Loden und weißer Loden. Ich habe in Schottland Frauen gesehen, die darin Golf spielten, und ich kann nicht sagen, dass es unpassend ausgesehen hat. Tatsächlich scheint der Salzburger Loden momentan weltweit in Mode zu sein. Natürlich kann man ihn mit originalem Zubehör nur hier bekommen – mit Gamsleder(-streifen) in der Mitte des Rückens, mit grünem Revers und allen diesen Feinheiten. Auch die original Salzburger Schuhe findet man am einfachsten innerhalb eines 20-Meter-Radius von Lanz. Ihr könnt sie heutzutage aber auch in Paris (in Europa und in Virginia) bekommen.« Paris in Europa braucht nicht näher erklärt zu werden, das in Virginia in den Vereinigten Staaten gibt es erst seit 1786. – Mit den Original-Schuhen sind einerseits Trachtenschuhe mit oder ohne Schnallen, wie z. B. Haferlschuhe, gemeint, andererseits aber auch normale Schuhe im Unterschied zu dem oft eigenwillig aussehenden Schuhwerk, das Touristen schon damals trugen und das keine ideale Ergänzung zu Dirndl oder Trachtenanzug war.

»Man muss nicht Miss Schaljapins Beispiel folgen, die in Salzburg barfuß erschien, da sie nicht das richtige Schuhwerk im Gepäck hatte. Die Menge johlte, als sie ihre Füße aus dem Wagen streckte. Das ist nicht nötig. Ihr dürft in den ersten Stunden nach eurer Ankunft eure eigenen Schuhe tragen.« Mit Miss Schaljapin ist Marina Schaljapin gemeint, die Tochter des Opernsängers Fjodor Schaljapin, die 1931 Miss Russia war. Sie besuchte 1936 gemeinsam mit ihrem Vater die Salzburger Festspiele.

»Ihr werdet, das versichere ich euch, ein paar Tage im neu gekauften Tiroler Outfit vollkommen glücklich sein. Vielleicht werdet ihr immer darin glücklich sein. Aber vielleicht, und das ist ziemlich wahrscheinlich, werdet ihr nach und nach feststel-

len, dass echte Einheimische keine Fantasie-Tracht tragen und dennoch gut aussehen. Einige österreichische Freunde von euch tragen das originale alte Zeug oder vielleicht stoßt ihr mit einer Freundin von zu Hause zusammen, die im traditionellen Tiroler Stil gekleidet ist. Ich habe es immer wieder erlebt, dass gesunde, gewöhnliche Menschen wie ihr und ich in Fällen wie diesem Amok laufen. Sie werden nichts unversucht lassen, um die richtige Strickweste für das zuletzt gefundene Dirndl zu bekommen, sie werden mit ihren Rollses und Austins so lange im Land herumfahren, bis sie den Schal im passenden Farbton für ihr Mieder gefunden haben. Es ist ein Hobby wie das Sammeln von Briefmarken oder Zündholzschachteln, meiner Meinung nach nur ein wenig faszinierender.

Da jedes Tal eine andere Tracht hat und da die alten Stücke bei den alteingesessenen Bauernfamilien hoch geschätzte Erbstücke sind, ist es nicht einfach, Originale auszugraben … Aber es macht viel Freude, sie zu tragen. Ich glaube auch nicht, dass ihr bei eurem ersten Besuch Amok laufen werdet. Ihr müsst euch zuerst in die Landschaft, in die Menschen und in ihre alten Trachten verlieben. In der Zwischenzeit werdet ihr weiter Fantasie-Dirndl und schöne Lodenstücke tragen und euch darin glücklich fühlen. Am Abend braucht ihr eure Poiret-Roben (ein damals populärer französischer Couturier) *und allen Schmuck, den ihr mithabt. An Toscanini-Abenden kann das Festspielhaus jederzeit mit der Diamanten-Runde der Metropolitan Opera mithalten. Meist sind es auch dieselben Besucher.*

Beim späteren Dinner im (nicht mehr bestehenden Grand Hotel de l') *›Europe‹, im ›Österreichischen Hof‹* (heute Hotel Sacher), *in der ›Barock-Bar‹* (Schwarzstraße 6) *oder im ›Mirabell‹* (dem damals dem Casino angeschlossenen Restaurant) *werdet ihr nackte Rücken und Diademe mit nackten Knien*

(Männern in kurzen Lederhosen) *tanzen sehen, makellos sitzende Fracks, die süße ›Dirndln‹* (hier sind Mädchen gemeint) *umarmen, einige noch ganz vom Geist Wagners erfüllt, die anderen in glückseliger Erinnerung daran, wie sie im Kurhaus mit Einheimischen tanzten …*

Die Kleiderfrage ist für Männer wirklich komplizierter als für Frauen. Ein hübsches Mädchen kann beinahe alles tragen. Ja, ihr habt recht, das können hübsche Burschen natürlich auch! Aber wie schaut es mit dem Rest von uns aus?

Brandneue Lederhosen zu tragen, ist besonders verachtenswert. Es macht euch schrecklich unsicher, und bis ihr gewohnt seid, sie zu tragen, bekommt ihr entweder einen Sonnenbrand oder Gänsehaut auf den Knien. Neue Lederhosen fühlen sich so steif an und man hat den Eindruck, dass alle daraufstarren, solange sie schwarz, neu und schön aussehen. Es braucht Jahre, sie abgetragen und glänzend hinzubekommen. In weit zurückliegender Zeit, als sogar die Österreicher noch etwas Geld hatten, gab es einige, die ihre Hausangestellten bezahlten, ihre Lederhosen zu tragen, bis sie genug Patina hatten. Heutzutage müssen sich die Menschen die Patina selbst erarbeiten, wenn sie neue Hosen kaufen. Das machen sie aber nicht, sondern tragen weiterhin die alten … Man kann natürlich auch Lederhosen mit furchtbar viel Patina kaufen, die sogar steif vor Patina sind, aber solange man nicht genau weiß, wer vorher in ihnen gesessen hat, würde ich euch abraten, sie zu kaufen. Um alles zu wissen, was man über Lederhosen wissen muss, werdet ihr einige Stunden sorgfältigen Studiums aufwenden müssen.

In Salzburg, Ischl, Gmunden, Innsbruck, Grundlsee und Altaussee werden verschiedene Arten getragen. Es gibt Gamslederne und Hirschlederne, fünf- und siebennahtige, graue, schwarze und braune, es gibt die echten und Kopien, die aus

Ziegenleder oder – noch schlimmer – aus Stoff gemacht sind. Jede Lederhose wird auf verschiedene Art genäht, ist unterschiedlich geschnitten und unterschiedlich verziert. Eine echte Siebennahtige ist ein Stück, auf das man sehr stolz sein kann, ist etwas, vor dem der Kenner seinen Hut ziehen wird. Aber ich vermute, dass euch all diese Feinheiten egal sind und dass die fabrikgefertigten genau das sind, wonach ihr sucht, in welchem Fall ihr nur in ein Geschäft gehen müsst und eine kaufen könnt. Wenn ihr eine originale haben wollt, müsst ihr zu einem Lederhosenschneider gehen, der euch abmisst und euch – eurem Körperumfang entsprechend – eine Hose anpasst. In Goisern, Hallein und Bad Aussee gibt es noch einige berühmte Lederhosenerzeuger, obwohl der Beruf langsam ausstirbt.

Ich fürchte, dass ihr zu den kurzen Lederhosen Kniestrümpfe tragen müsst, da sich die Mode, Socken mit Sockenhaltern zu tragen, die Lord B. vor einem Jahr einzuführen versuchte, nicht durchgesetzt hat.

Zu den verschiedenen Lederhosen werden verschiedene Arten von Jacken und Westen (Gilets) getragen. Ich möchte darauf nicht näher eingehen. Es ist eine Wissenschaft. Um korrekt angezogen zu sein, müsst ihr wirklich in einer dieser Regionen leben und die entsprechende Kleidung des Tals oder des Orts tragen. Ihr könntet natürlich jemanden adoptieren und dessen Kleidung tragen, aber warum sich all diese Mühe antun, wenn ihr den Look, den ihr liebt, bei Lanz oder in einem anderen Geschäft kaufen könnt? Die Tage, als nur ein Hohenlohe die Hohenlohe-Jacke oder nur ein Auersperg den Auersperg-Hut tragen konnte, sind vorbei. Heutzutage kann man alles mit allem kombinieren und niemand wird es bemerken. Bestickte Torero-Hosen zu tragen, ist aber ein Fehler, wenn man wie ein Einheimischer aussehen möchte. Es ist aber keiner, wenn man auffallen möchte ... Leuchtend grüne

Knickerbocker darf nur Herr Lanz tragen, während die mit den großen Karos britischen Obersten vorbehalten sind ...

Über Hüte gäbe es eine ganze Menge zu sagen, aber ich werde mich auf die Bemerkung beschränken, dass je schmutziger der Hut, desto nobler der Träger. Ihr könnt nicht erwarten, in eurer ersten Salzburger Saison nobel auszusehen. Ältere Männer gehen noch immer mit den Hüten herum, die sie bei ihrer Firmung getragen haben. Einige Menschen haben eine Schwäche für diese bildschönen Stücke mit breiter Krempe. Sie lassen euch bedeutend aussehen, wie sonst sollten die Menschen wissen, dass dort eben Cecil Beaton (s. dazu S. 128) *kommt? Wenn ihnen der Hut auffällt, fragen sie und es wird ihnen gesagt, dass er für das Business und für vieles gut ist. Andere Leute tragen kleine Hüte. Aber jeder trägt eine Art Trophäe darauf – Gamsbärte, Auerhahnbärte, Spielhahnfedern und alle Arten von Medaillen und Abzeichen. Sie klingeln beim Gehen leise und schauen furchtbar nett aus ...«* (30 ff.)

Diese Salzburg-Atmosphäre

»*Der Charme von Salzburg ist unwiderstehlich …*
Diese wohltuende Dosierung von Heiterkeit und Ernst,
von Kraft und Feinheit, von Wirklichkeit
und Übernatürlichem …«
(Guy Mollat du Jourdin, Salzbourg. Cité Ardente)

»*Atmosphäre ist, so fürchte ich, schwer zu erklären. Ich vermute, dass es etwas mit dem Aussehen des Ortes zu tun hat, mit Geräuschen und mit Gerüchen und mit dem Geschmack, der im Mund verbleibt, wenn man wieder weg ist. Was immer es ist, Salzburg hat eine ganze Menge davon …*

Der Anblick von Salzburg ist recht einzigartig. Es ist nicht nur die Landschaft, noch die schönen Gebäude oder die engen Gassen, sondern alles zusammen, kombiniert mit den Menschenmengen in fröhlich-bunten Fantasie-Kleidern, den wehenden Fahnen, den Rollses und den Fords sowie dem Anstarren und Angestarrt-Werden. Die Kombination aus alldem macht Salzburg zu dem stimmungsvollen Platz, den man so gern betrachtet.

Die Geräusche des Ortes sind eine komplexere Sache. Woran man sich besonders erinnert, sind das Quietschen der Straßenbahn (sie war von 1887 bis 1940 in Betrieb), wenn sie um die Ecke saust, die jubilierenden Stimmen der Kirchenglocken, das Hupen des gemeinen Wagens, der unter dem Fenster einparkt, die Jedermann-Rufe, die durch die Straßen hallen, und die Arie aus dem Rosenkavalier, *die noch immer in der Luft zu schweben scheint.*«

Als geborene Wienerin, die nahe einer Straßenbahnlinie wohnte, kann ich mich noch sehr gut an das Quietschen der Wagen erinnern. Es gehört heute aber nicht mehr zu den Salzburg-Geräuschen (man stelle sich vor, dass eine Linie sogar durch die schmale Getreidegasse führte!), da seit den 1940er-Jahren stattdessen Trolleybusse in Betrieb sind. Was ich im Zusammenhang mit den Geräuschen in Salzburg auch immer im Kopf habe, ist das gleichzeitige Läuten mehrerer außerordentlich klangvoller Kirchenglocken. Theoretisch könnten in der Innenstadt die Glocken von zweiundzwanzig Kirchen läuten, ich denke aber, dass sich nicht alle an den stündlichen Konzerten beteiligen. Und auch mir hallen ewig die Jedermann-Rufe und die Arien aus dem *Rosenkavalier* (noch von Herbert von Karajan dirigiert) in der Erinnerung nach.

»*Der Geruch ist einfacher zu beschreiben, wesentlich einfacher. Zu einer Basis aus frisch gemahlenem Kaffee gesellen sich ein wenig Aroma von geräuchertem Holz, etwas Benzin und der Dunst von Kuhställen (die es damals möglicherweise noch gab – im 19. Jahrhundert wurde noch darüber berichtet –, oder es ist der Geruch der nahen ländlichen Gegend gemeint), heißem Teer und einem Hauch von Weihrauch – damals wie heute. Gegen Abend liegt der Geruch von Whisky und ein wenig Parfum mit einer kleinen Idee von Nadelwald in der Luft. Und der von Kaffee hält noch immer an. Das alles macht die Salzburger Atmosphäre aus. Das sind eure Zutaten, mischt sie und probiert das Zeug. Es ist gut.*

Die Atmosphäre reift mit den Jahren, ihre Herstellung hat Jahrhunderte gebraucht; Generationen von Menschen haben daran gearbeitet, tausende Menschenleben wurden gelebt, um sie zu erhalten, und Tonnen von Gedanken entströmten klugen Köpfen, um sie zu formen. Ihr seid ein Teil davon, so wie der Tourist dort und der rotgesichtige Oberst. Früher oder später werdet ihr weg sein, die Atmosphäre allein wird bleiben. Vielleicht wird es eine Atmosphäre sein, die sich durch eure Anwesenheit ein wenig verändert hat.

Mir kommt vor, dass sich die Salzburger Atmosphäre in den letzten zehn Jahren geändert hat (seit nach dem Ersten Weltkrieg). *Früher war sie eine todernste Sache. Schöne, einsame Gebäude standen feierlich, sich selbst bemitleidend da, schauten aber stolz und unbeugsam. Nun kommt mir vor, dass all diese Gebäude in letzter Zeit wieder zu lächeln begonnen haben. Meiner Meinung nach hat der Dom entschieden ein breites Grinsen angenommen. Ich weiß nicht, ob er es euretwegen oder meinetwegen tat, oder haben es die Festspiele bewirkt, vielleicht ist es aber auch nur die Einbildung eines Narren.«*

Ein Streifzug durch die Geschichte Salzburgs

»*Die Kaiser sehen es gern, wenn den Fürsten von unten her Abbruch getan wird. Darum gibt Friedrich III. den Salzburgern 1481 … ein Privileg, sich selbst Bürgermeister und Behörden zu wählen und alle Freiheiten einer reichsunmittelbaren Stadt zu genießen. Das wurmt den Keutschacher …*«
(**Bernhard Paumgartner**, *Salzburg*)

Wenn dieses Kapitel auch hauptsächlich den früheren Herrschern von Salzburg, den Fürsterzbischöfen, gewidmet ist, so steht deren Geschichte (spätestens ab dem 16. Jahrhundert) doch in engem Zusammenhang mit der Gründung der Salzburger Festspiele. Die Kirchenfürsten waren allesamt bau- und kunstfreudig und leiteten die Salzburger Konzert- und Theatertradition ein. Ihrer Bauleidenschaft sind sogar die heutigen Festspielhäuser zu verdanken, die von ihnen allerdings für andere Zwecke errichtet worden waren. Czernins Geschichte beginnt noch früher, mit den Römern, die in Salzburg allerdings keine Spuren von Musik- oder Theaterkultur hinterließen. Möglicherweise wurden sie in den folgenden Jahrhunderten verwischt.

»*Wie jede ehrwürdige Stadt hat Salzburg eine eigene Geschichte. Und sogar eine ganze Menge, wenn man sich in die Zeit zurückbegibt, als es von den Römern den Spitznamen Iuvavum erhielt und schöne Römerinnen eine Schwäche für Iuvaneser Sklaven hatten. Die Frauen ließen sie in ihren Heimatwäldern kidnappen und anschließend nur mit einem*

Hut, einem langen Bart und Lederhosen bekleidet am Forum sitzen. Das Herz der Besitzerinnen schlug vor Freude, wenn ihren Kehlen herrliche männliche Jodler entströmten. Die Römer dieser Zeit waren allesamt Memmen. Sie hatten sich, wie man so schön sagt, selbst überlebt. Noch waren sie ein mächtiges Volk und es waren wirklich ihre Frauen, die den Untergang bewirkten. Durch das Importieren all dieser Sklaven mit mächtigen, behaarten Brustkörben, denen sie alles beibrachten und denen sie dumme Ideen in die Köpfe setzten, führten sie den Zusammenbruch Roms herbei ... Die Frauen hatten ihren Spaß und Rom zerfiel in Stücke. Es traf aber auch die Iuvanesen hart. Sie hatten in Rom große Berühmtheit erlangt, und als die Stadt zusammenbrach, vergaß die Welt alles, was sie über den schönen Ferienort in den Alpen wusste. Die Iuvaneser mussten wieder Met trinken und sich ihren Lebensunterhalt mit dem Jagen von Auerochsen verdienen ...

Danach hat man lange Zeit nichts von Salzburg gehört. Wer, glaubt ihr, hat es einige Jahrhunderte später wiederentdeckt? Natürlich niemand anderes als diese neugierigen Kreaturen, die Engländer.« Als Erster kam der christliche Missionar Wynfreth Bonifatius, der vermutlich aus Wessex stammte und Bischof von Salzburg wurde. Ihm folgte der Ire Virgil. *»Er errichtete Kirchen, Häuser und Klöster, sogar eine Kathedrale an derselben Stelle, an der die jetzige steht, und machte sich rundherum nützlich. Er hat Salzburg auf die Hinterbeine gestellt und ihm mit einem leichten Tritt zum Start in die Geschichte verholfen.*

Es hat seinen Weg gut gemacht. Der nächste Bischof wurde in den Rang eines Erzbischofs erhöht, von da an konnte nichts mehr Salzburg aufhalten. Ein Bischof folgte dem anderen, einige waren gut, einige schlecht, einige heiligmäßig, einige weltlich. Je nach Lust und Laune folgten sie den Ordern des

Kaisers des Heiligen Römischen Reichs oder dem Papst, streiften hier und dort Land ein, investierten Geld in die Bildung ihres Volks oder beließen es ungebildet, sie bauten und zerstörten, organisierten und kämpften. Im Lauf der Zeit wurden sie sehr bedeutend, erhielten den Titel Primas Germaniae und besaßen Land bis hinunter nach Kärnten und im Norden bis nach Bayern. Unter ihrer Herrschaft wurde Salzburg das intellektuelle und geistliche Zentrum im süddeutschen Raum. Sie waren mächtige Fürsten, die sich gegen Kaiser, Päpste und sogar ihre eigenen Leute erhoben, Fürsten, die autonom regierten und die sich nur den Wünschen ihrer gelegentlichen Freundinnen beugten.

Ich glaube, dass ich euch ein, zwei der bedeutenderen Herren in Purpur vorstellen sollte, und beginne mit dem hochmütigen Leonhard von Keutschach (vermutlich 1495–1519), einem der wenigen Erzbischöfe, die nicht von adliger Herkunft waren. Er stammte aus einer bäuerlichen Familie, hatte einen ordentlichen Krach mit seinem Vater, als er ihm sagte, dass er nicht die Absicht hatte, ein Leben lang hinter dem Pflug zu gehen, sondern er sich entschieden habe, Erzbischof zu werden. Der Streit endete damit, dass er den elterlichen Besitz verließ. Der liebe alte Vater warf ihm eine Rübe nach, die ihn am Hinterkopf traf. Leonhard nahm das Gemüse mit, und als er schließlich Bischof wurde, verwendete er es in seinem Wappen.

Er war wirklich ein exzellenter Bischof und ein großartiger Verwalter. Sein Safe war immer mit Geld gefüllt, das er in Salz- und Goldminen sowie in Grundbesitz anlegte. Was ihn für uns so bedeutend macht, ist die Tatsache, dass er es war, der die Erzbischöfe zu unumschränkten Herrschern der Stadt machte. Mit ein paar klugen Tricks gelang es ihm, dass die Städter auf all ihre Rechte verzichteten und sie ihren Herr-

schern (ihm und allen folgenden Fürsterzbischöfen) *übertrugen. Das erstickte die Bürgerkultur von Salzburg im Keim und ermöglichte Leonhards Nachfolgern, mit der Stadt alles anzufangen, was sie wollten ...*

Man findet Leonhards Rübe überall auf der Festung Hohensalzburg, in der er lebte und die er ausstattete. Zu dieser Zeit waren die Menschen verrückt nach Gotik. Alles, was sie bauten, war gotisch. Also baute der Rüben-Mann auch gotisch. Später waren die Menschen verrückt nach Renaissance und Barock und rissen alles Gotische nieder. Das ist der Grund, warum man nicht mehr viele Gebäude findet, die Leonhard errichtete ...

Jetzt stelle ich euch einen anderen bedeutenden Mann namens Wolf Dietrich (von Raitenau; 1587–1611) *vor. Er war erst achtundzwanzig Jahre alt, als man ihn zum Erzbischof ernannte, und er hat mit dem Erzbischof-Sein sofort begonnen. Er war voll Lebensfreude, ein anständiger Mensch mit höllischem Temperament, ein Fürst mit ungeheurer Freude an Pomp und Repräsentation, äußerst sprachbegabt (es heißt, dass er sechs Sprachen ohne Akzent beherrschte), rundum ein feiner, gebildeter Mann. Seine Großmutter war, wie ihr natürlich wisst, eine Medici ... von ihr kamen das Heißblütige und die schwarze Kugel auf silbernem Grund auf seinem Wappen ...*

Wie ich früher schon sagte, fing Wolf Dietrich gleich mit dem Erzbischof-Sein an, er veranstaltete ... Feste, eroberte die hübschesten und klügsten Mädchen der Stadt, wie Salome Alt, mit der er dann lebte.

Er baute Schloss Mirabell für sie und ihre Kinder, von denen es, glaube ich, elf gab; und begann dann die Protestanten zu unterdrücken, die überall wie die Pilze aus dem Boden hervorschossen. Darin war er nicht sehr gut, das war ohnehin nicht sehr angenehm, also gab er es bald auf. Der Papst war wütend auf ihn, aber Rom war weit weg, also kümmerte er sich damals nicht sehr darum.«

Da Wolf Dietrich prunksüchtig und baufreudig war, begann er Salzburg nach seinem Geschmack neu zu errichten. *»Ihm schien die Stadt nicht groß genug; ihm, der die Pracht von Florenz, Rom und der Städte Norditaliens gewohnt war. Also plante er die Umgestaltung seiner neuen Residenzstadt. Er kam aber nur bis zum Niederreißen, da sein Ende nahte, bevor er Zeit hatte, die meisten seiner Pläne umzusetzen ...«*

Als Bauherr hinterließ Wolf Dietrich – wie alle Fürsterzbischöfe – sein Wappen auf jeder Architektur, die er errichtete. *»Man findet es am Klostergebäude auf dem Kapuzinerberg, auf der Sebastianskirche, dem Kapitelhaus, dem Marstall (dem bischöflichen Stall, das jetzige Festspielhaus), auf dem erzbischöflichen Palais, der Franziskanerkirche und auf vielen anderen. Diese Bauwut kostete viel Geld, das die Bürger aufbringen mussten. Das gefiel ihnen gar nicht. Wenn sie das sagten, wurden sie ›aus dem Weg geschafft‹, und wenn sie etwas über Salome Alt und ihre Juwelen sagten, wurden sie ins Verlies geworfen. Das machte Wolf Dietrich nicht beliebter, aber es war ihm eigentlich egal.*

Das klingt alles so, als ob er kein guter Mensch gewesen wäre. Das war er aber. Es sind nur die Bräuche dieser Zeit, die alles so schlimm erscheinen lassen. Er war ein bedeutender Mann und hat enorm viel für Salzburg und für Deutschland getan ...

Als der Dom 1598 vom Feuer zerstört wurde, ließ er ihn abbrennen und demolierte, was davon übrig war und auch etliche Häuser der näheren Umgebung, um für die Kathedrale Platz zu machen, die Scamozzi (Vincenzo Scamozzi, 1548–1616, italienischer Architekt) für ihn entworfen hatte. Der Dom wurde nie gebaut, nur der Grundstein gelegt, als

Wolf Dietrich vor den Truppen des Kurfürsten von Bayern um sein Leben laufen musste. Mit ihm hatte er einen Streit über einige unbedeutende Bergbaurechte. Nach all den Jahren des Erzbischof-Seins waren ihm nicht viele Freunde verblieben; die Bürger richteten sich gegen ihn und auch der Papst. Der Kaiser war keine Hilfe, also beschloss er (Wolf Dietrich), *ein paar Wagenladungen von seinen und Salomes Sachen zu packen und nach Italien auf Urlaub zu fahren. Er kam gut weg, aber in Kärnten holten ihn bayerische Truppen ein; er wurde zurückgebracht, zum Abdanken gezwungen und verbrachte die verbleibenden fünf Jahre seines Lebens im Gefängnis auf der Festung Hohensalzburg; während Salome, die der Hauptgrund seines Untergangs war, nach Wels verbannt wurde …*

Sein Neffe Markus Sittikus wurde sein Nachfolger. Der Onkel hatte sich unbeliebt gemacht, weil er eine Freundin hatte; Markus hatte zwei und niemanden kümmerte es. Da gab es die charmante Madame Mabon (Ursula Mabon, die zweite Frau des fürsterzbischöflichen Leibgardehauptmanns), *für die er das reizende Schloss Hellbrunn baute, und Mirabella* (das beruht sicher auf einer Legende, der Name bedeutet *Schöne Aussicht* und ist eine typische Bezeichnung für ein Lustschloss), *die Salomes Schloss erbte und ihm den neuen Namen gab …*

Seine Zeitgenossen fanden ihn (Markus Sittikus) *ziemlich träge. Da ich diesen Gentleman nie getroffen habe, werde ich ihnen nicht widersprechen. Die einzigen zwei Gründe, warum man ihn in Zusammenhang mit der Geschichte Salzburgs erwähnen sollte, sind, dass er das Fundament der heutigen Kathedrale gelegt hat und dass er fantasievolle Kleidung, Musik, Theater und alles, was dazugehört, liebte. Er war es, der mit der Salzburger Theatertradition begann, der italienische Darsteller kommen und sie Theaterstücke und Opern auf der Freilichtbühne* (im eigens errichteten Steintheater) *in Hellbrunn aufführen ließ ...*

Ihm folgte Paris Lodron, dessen schönes Wappen einen Löwen zeigt, der versucht, einen Knoten in seinen Schwanz zu machen. Man findet es auf beinahe jedem Gebäude in Salzburg. Der arme Mann hatte eine schlimme Zeit, da er während der gesamten Zeit des Dreißigjährigen Kriegs regierte, der ganz Deutschland in ein Schlachtfeld verwandelte und nichts als rauchende Ruinen hinterließ. In weiser Voraussicht und mit einer großen Portion Glück gelang es ihm, sein Erzbistum aus dem Chaos herauszuhalten und zu einer Insel der Ruhe zu machen, auf der die Künste und das geistliche Leben des 17. Jahrhunderts eine Heimat fanden, während der Rest der Welt in Flammen aufging. Nachdem er sich gründlich um die Verteidigung seiner Stadt gekümmert und all die Bollwerke und Bastionen auf dem Mönchsberg und auf dem Kapuzinerberg errichtet hatte, deren Reste bis heute so viel zu Salzburgs Schönheit beitragen, konzentrierte er sich darauf, die Tradition seiner Vorgänger fortzuführen. Das Theater fand damals eine Zufluchtsstätte in Salzburg – deutsche Kunst, italienische Opern und Komödien wurden sowohl in Kirchen als auch auf Freiluftbühnen, in Zunfthäusern und dergleichen aufgeführt.

Das alles verhalf Salzburg zu einem guten Start in die Geschichte der modernen Zeiten (die *Modern Times* im englischen Original spielen auf den 1936 uraufgeführten Film von Charlie Chaplin an) *... viele Jahre bedeutete der deutschen Welt Salzburg alles, was schön, bewundernswert und in der Kultur fortgeschritten war. Das waren Salzburgs große Tage; aber die Deutschen, die ... ein fleißiges Volk sind, haben das meiste rasch aufgeholt. Salzburg hatte seinen Beitrag geleistet und fing langsam an zurückzufallen.*

Es ist nicht nötig, das nächste halbe Dutzend Erzbischöfe zu kennen. Sie waren nur ganz gewöhnliche Menschen, die ihre Zeit damit verbrachten, widerspenstige Bürger und Protestanten zu bekämpfen und im Großen und Ganzen darüber glücklich zu sein, ein nettes, ruhiges Auskommen gefunden zu haben. In diesem Teil Europas war die katholische Kirche als Sieger hervorgegangen und zeigte dem Volk ihre Macht mit gewaltigem Pomp und Zurschaustellung, die ihren Ausdruck im Barock fand.

Der nächste Erzbischof, der es zumindest wert ist, erwähnt zu werden, ist der allerletzte unabhängige Fürst: Graf Hieronymus Colloredo. Und er ist nur aus dem Grund berühmt, dass er zufällig zur selben Zeit lebte wie ein Mann, der Mozart hieß. Lange Zeit dachte Hieronymus (ich würde gern wissen, wie seine Mutter ihn rief), dass er eine Menge mehr über Musik wusste als der unglückliche kleine Mann, den er zum Hofkapellmeister gemacht hatte und den er schließlich mit Erfolg ... aus der Stadt vertrieb. Er selbst wurde nicht viel später von diesem anderen kleinen, übellaunigen Mann – Napoleon – hinausgejagt, der ein ziemliches Durcheinander in die Landkarte Europas brachte. Aus irgendeinem Grund dachte der mächtige Mann, dass er mit dem Elector Bavariae (Kurfürst Maximilian IV. Joseph von Bayern) *gern gut auskommen würde, also warf er den Erzbischof einfach aus der Stadt hinaus und übergab Salzburg eines Tages vor dem Frühstück dem Kurfürsten. Die Stadt und ihr Umland wechselten innerhalb der nächsten zehn Jahre häufig die Besitzer, bis es schlussendlich an Österreich fiel, zu dem es seit damals gehört ...*

Als die Salzburger bemerkten, dass es keine Möglichkeit gab, wieder ein Ort zu werden, »*von dem aus die Welt, oder zumindest ein Teil davon, regiert werden konnte, beschlossen sie, auf einem eigenen Gebiet groß zu werden, dem Gebiet der*

Kunst und der Schönheit. Viele Jahre ruhte die Idee für Salzburger Festspiele und nahm erst nach dem (Ersten) *Weltkrieg Gestalt an. Das heutige Salzburg wurde in wenigen Jahren Zentrum der musik- und kunstliebenden Welt, der Ort für Festspiele, die an keinem anderen Ort als hier stattfinden konnten, wo sie sich aus einer tausend Jahre alten Tradition entwickelt hatten.«* (44 ff.)

Kurz zur Architektur

»Der Blick auf das halbe Dutzend durch Portale,
Kolonnaden und Portikusse miteinander verbundener Paläste
und auf die vielgestalteten Türme und Dächer ...
dieser Anblick ist nördlich der Alpen einzig.«
(Erich Kästner, Der kleine Grenzverkehr)

»Wenn man in Salzburg ankommt, stellt man rasch fest, dass es an diesem Ort ganz schön viel Architektur gibt. Tatsächlich sogar eine große Menge. Nichts als Architektur, wohin man schaut. Ich fürchte, dass ihr nicht einfach wegfahren könnt, ohne einige davon gesehen zu haben, und im Zusammenhang mit diesem Buch vermute ich, dass ihr sogar weniger darüber wisst als ich, also werde ich euch einen kleinen Vortrag über die Architektur Salzburgs halten ...

Es gibt zwei Arten von Architektur: alte und neue. Zunächst wollen wir uns auf die alte konzentrieren. Für einen Laien ist es nicht einfach, zu erkennen, was alt und was neu ist. Nicht jedes Gebäude, das Zeichen des Zusammenbruchs zeigt, ist alt. Im Gegenteil sind es gewöhnlich die neuen, die einstürzen. Man kann sich also nicht auf das Aussehen eines Gebäudes verlassen.

Aus diesem einen und einzigen Grund haben kluge Köpfe die Stile erfunden, die die Dinge nun viel einfacher machen. Wenn man von einem romanischen Gebäude hört, weiß man sofort: 10. bis 12. Jahrhundert; von einem gotischen: 12. bis 15. Jahrhundert; von einem modernen: 20. Jahrhundert; und so weiter durch die Jahrhunderte. Diese Einteilung in Stile macht *die Sache enorm einfach. Alles, was ihr nun tun müsst, ist den Stil erkennen und ihn dann korrekt einordnen. Ihr werdet nie wieder den Fehler begehen zu glauben, dass das Hotel Europe* (Grand Hotel de l'Europe, das nicht mehr existiert) *ein schönes Gebäude des 15. Jahrhunderts ist, nur weil der Mörtel von den Wänden fällt.*

An einem Ort wie diesem ist Architektur furchtbar wichtig. Das gesamte Festspielgeschäft hängt weitgehend davon ab, wie die Altvorderen die Steine zusammensetzten, da, wie schon Hermann Bahr einmal sagte, ›Salzburg Stein gewordene Natur und Geist gewordener Stein‹ ist (oder, wie es in einer anderen Version heißt: ›Musik gewordener Stein‹) *…*

Salzburg, das deutsche Rom, wurde nicht an einem Tag erbaut, deshalb findet ihr natürlich jede Stilrichtung und jeden Einfluss, den ihr euch nur wünschen könnt. Um darauf zurückzukommen: Es gibt zahlreiche romanische Überreste in Salzburg. Sie wollen gesucht werden, da seit dem Jahr 500 eine Menge Dinge vorgefallen sind, die einem alten Gebäude nicht guttaten. Noch gibt es St. Peter mit der romanischen Katharinen-Kapelle; und die Festung natürlich, die in dieser Zeit begonnen wurde; Teile der Franziskanerkirche und eine Menge anderer Beispiele romanischer Kunst, die ihr findet, wenn ihr euch aufmerksam umschaut. Aber ich habe ganz vergessen, dass ihr nicht die geringste Ahnung habt, wonach ihr suchen müsst. Nun, es ist nicht so einfach, romanische Architektur in ein paar Worten zu erklären …

In dieser weit zurückliegenden Zeit … wussten die Menschen wirklich sehr wenig darüber, wie man Häuser und Kirchen baut, weil es, wie ihr wisst, so wenige Beispiele gab. Natürlich haben sie sich an irgendetwas in Rom und in Griechenland erinnert, aber das nützte nichts, da man nicht einen römischen Tempel kopieren und ihn christliche Kirche nennen konnte. Sie hatten maurische Kunst kennengelernt, die damals heidnisch war, und da sie nur Häuser und Kirchen haben wollten, begannen sie – auf die einfachste Art, die man sich vorstellen kann – Stein auf Stein zu setzen, ließen kleine Öffnungen für Fenster, bauten gerade Säulen, um das Dach zu stützen, die sie, wie sie es gelernt hatten, halbkreisförmig anordneten, und das war es ...

Diese romanischen Gebäude waren in ihrer Einfachheit und Kunstlosigkeit auch schön. So unschuldig und schlicht wie die Künstler, die sie bauten und die inbrünstig dem neuen christlichen Glauben anhingen. Es gab grobe, extrem schlichte Einfassungen und Verzierungen und kaum etwas, das die Aufmerksamkeit von der einen großen Idee ablenkte, für die sie gebaut wurden: die Verherrlichung Gottes.

Ich fürchte, dass euch meine Erläuterungen nicht helfen werden, romanische Architektur zu erkennen, wenn ihr sie seht. Die einfachste Art herauszufinden, ob ein Gebäude romanisch ist oder nicht, ist sich vorzustellen, dass Lohengrin mit Elsa ... durchgeht, Schwäne kommen und schwimmen wieder weg und überall stehen schwarze Ritter herum. Wenn man den Hochzeitsmarsch summen kann, ohne sich fehl am Platz zu fühlen – ›ta-ti-ta-taa, ta-ti-ta-taa, ta-ti-ta-taa-taa‹ – ... dann ist man in einem romanischen Gebäude. Aber vielleicht summt ihr den Hochzeitsmarsch auch im Restaurant des Meurice (Hotel-Restaurant in Paris), ohne euch fehl am Platz zu fühlen, also hilft euch diese Methode auch nicht weiter. In diesem Fall solltet ihr besser aufgeben und zur nächsten Epoche übergehen: der Gotik, die viel einfacher zu erkennen und sehr erfreulich anzusehen ist.

Die Sache hat nur einen Haken: Während des letzten (19.) Jahrhunderts haben die Menschen in diesem Teil der Welt ihre Liebe für gotische Gebäude entdeckt und beschlossen, neue zu bauen. Sie richteten damit ein furchtbares Durcheinander an, einige der hässlichsten Kirchen wurden in diesem neugotischen Stil erbaut. Ihr müsst also sehr vorsichtig sein, dass ihr nicht dabei ertappt werdet, vor einer dieser (neogotischen Kirchen) *zu stehen und sie zu bewundern, es könnte euren Ruf als Kunstkenner für alle Zeit ruinieren.*

Als die Menschen mit sich und dem Universum vertrauter wurden, als sie entdeckten, dass sie unterschiedliche Persönlichkeiten besaßen, als sie die Notwendigkeit erkannten, ihre eigenen Gefühle in jeder Art von Kunst auszudrücken ... erfanden sie die Gotik. Es ist von der Romanik zur Gotik nur ein kleiner Schritt, aber in den extremen Ausformungen sind sie recht unterschiedlich. Alles wird nun heller, höher und ätherischer, und da die Menschen sehr stolz darauf waren, was sie damals über Geometrie herausgefunden hatten, fügten sie überall, wo es möglich war, Kreise und Halbkreise ein ...

Wenn man in einer gotischen Kirche steht, kann man nicht anders als hinaufzuschauen und sich vorzustellen zu fliegen. Das ist natürlich Kunst – die einen Dinge fühlen und manchmal sogar Dinge denken lässt. Geht einmal allein in die Margarethen-Kapelle auf dem St.-Peter-Friedhof und schaut, ob ihr wirklich nichts fühlt. Und das ist nur eine sehr kleine Kapelle. Wenn ihr durch die Kirche auf dem Nonnberg geht, die wesentlich größer ist, werdet ihr noch größere Empfindungen haben, tatsächlich könntet ihr einen echten Nervenkitzel erleben. Und dann geht, nur um euer künstlerisches Temperament zu erproben, in den Rotziegel-Bau der Andräkirche (auf dem Mirabellplatz gegenüber von Schloss Mirabell; sie wurde bei Luftangriffen 1944 und 1945 schwer beschädigt und in einem anderen Stil wiederaufgebaut) *und prüft, ob ihr dort irgendetwas spürt. Wenn ihr etwas spürt, ist das nicht gut, denn sie ist neugotisch, spätes letztes* (19.) *Jahrhundert.*

Viele Jahrhunderte hindurch lebten die Menschen gotisch. Sie schrieben gotische Bücher, errichteten gotische Architektur und dachten gotische Gedanken. Alles war furchtbar intellektuell und von dem einen großen Gedanken beherrscht, was nach ihrem Tod geschehen würde. Das hat die Menschen aber nicht heiligmäßiger gemacht, es hat sie nur anders gemacht. Sie waren kein bisschen besser, als sie es zuvor waren oder später sein würden, aber ihr gesamtes Leben war von der Angst vor dem Tod und von dem Gedanken an das Jenseits geprägt. Also konzentrierten sie sich auf ihre Seelen und als Ergebnis dieser Konzentration produzierten sie die Gotik …

Während diesseits der Alpen die Gotik immer weiter und weiter lief – und sich langsam von der Früh- zur Hoch- und zur Spätgotik entwickelte –, entdeckten die Italiener plötzlich die Renaissance. Es brauchte nur einen großen Mann, der sagte: ›Zur Hölle mit all dieser Heiligkeit, die niemandem guttut, lasst uns das Leben genießen, wie es unsere Vorfahren getan haben …‹ Sie begannen wirklich, Spaß am Leben zu haben, hier und dort Geld auszugeben, Liebe zu machen, gegeneinander Kriege zu führen, sich gegenseitig das Bier zu vergiften und allgemein so viel Spaß zu haben, wie man nur haben konnte. Auch die Päpste wollten damals wiedergeboren werden (Anspielung auf den Begriff Renaissance, der übersetzt Wiedergeburt heißt) *und so gab es nichts, was die Renaissance stoppte, über alle und alles hinwegzufegen. Allerdings gab es in Deutschland einen Mann mit Namen Martin Luther, der verweigerte, wiedergeboren zu werden, und der dachte, dass er gut genug war, so wie er war. Er wollte nicht zuschauen, wie die Kirche verweltlichte, Geld verprasste, er mochte wirklich keine Kriege oder Giftmischereien und er fand es skandalös, dass die Menschen einen Haufen Geld bezahlten, um nach begangenen Verfehlungen ihre Seelen zu retten. Also bestieg er vor der gotischen Wittenberg-Kathedrale einen Stuhl, und als sich eine Menge Leute versammelt hatte, um ihm zuzuhören, sagte er: ›Hier stehe ich, ich kann nicht anders. Gott helfe mir, Amen.‹ So oder so ähnlich sagte er, damit begann die Reformation, das führte den 30-jährigen Krieg herbei und verhinderte ... dass sich der verwässerte Geist der italienischen Renaissance in Deutschland verbreitete. Natürlich gelangte die Renaissance bis zur Nordsee, aber da sie sich durch Deutschland über verschlungene Wege bewegt hatte, entwickelte sie sich völlig anders, als man sie von Florenz oder Rom kannte ...*

Renaissance bedeutete nicht nur Liebe zur Architektur, Liebe zur Musik, zur Dichtkunst, sondern zu allem, was das Leben schön und lebenswert macht. Davon hatte Salzburg viel bekommen und es über die Jahre am Leben erhalten, die Liebe zur Kunst ... zu allem Großen, Inspirierenden und Schönen. In diesen fernen Tagen wurden die Salzburger Festspiele geboren.« Natürlich gab es noch keine konkreten Pläne, aber die Idee lag mit einem Mal nahe.

Im 17. Jahrhundert entwickelte sich die Kunst überall aus der Freude der Menschen heraus, die Schrecken des Dreißigjährigen Kriegs überstanden zu haben. Der pulsierende, lebensbejahende Stil, der damals entstand, war Barock.

»Im Oxford Dictionary, in dem ich den Begriff nachschlug, steht, dass Barock ›unregelmäßig geformt‹, grotesk, von seltsamem Stil oder seltsamer Ausschmückung bedeutet. Falls euch das etwas sagt, belassen wir es dabei. Für mich bedeutet Barock Pferde, die auf einem Hinterbein stehen und mit den drei anderen in der Luft um sich schlagen; schmerzverzerrte, gestikulierende Heilige; goldene Ornamente und überladene Altäre; muskulöse Männer mit Bärten, die auf ihren Schultern Balkone tragen; und riesengroße Gemälde in schweren goldenen Rahmen. Während der gesamten ersten Hälfte des

18. Jahrhunderts baute die katholische Kirche barock, und so taten es auch die Aristokraten, die genug Geld hatten. Das waren goldene Zeiten, in denen sich die Intelligentia in Kunst suhlte und in denen der Bau einer neuen Kirche oder eines neuen Palastes wichtiger schien als all diese kleinen komischen Kriege, die damals weitergeführt wurden. So war es wirklich – wen interessiert heute noch der Siebenjährige Krieg? –, wohingegen die Freude, die Dinge anzusehen, die damals errichtet wurden, anhält.

Zwei Generationen lang dachten die Menschen, dass sie Giganten wären. Die dritte Generation kam wieder auf die Erde zurück und hatte die Gnade, über sich selbst lachen zu können. So begann das Rokoko. Rokoko ist Barock und ein wenig Lächeln dazu. Flauschige Engelchen, die auf ihren Wolken schweben, und Madonnen, die jederzeit loskichern könnten ...

Es gibt keinen Grund, zu glauben, dass Rokoko eine typisch österreichische Kunstrichtung ist. Tatsächlich gab es zu dieser Zeit in Frankreich und Deutschland ein wesentlich besseres Rokoko, Rokoko war sicher nicht an die Grenzen Österreichs gebunden. Um die wichtigsten Dinge im Leben nicht zu ernst zu nehmen – und Kunst und Schönheit sind die wichtigsten Dinge –, ist diese Kunstrichtung so typisch österreichisch, dass ich nicht anders kann, als Rokoko als eine österreichische Institution zu empfinden. Es gab in der Welt später noch ein wenig andere Architektur, nachdem sich Rokoko verabschiedet hatte. Aber Salzburg hat davon kaum etwas abbekommen, da es um diese Zeit seine stolze Unabhängigkeit verloren hatte, und das verletzte Volk schmollte noch viele, viele Jahre ...

Moderne Architektur muss, so fürchte ich, noch erwähnt werden. Ich würde gern wissen, wie sie unseren Stil in ein paar hundert Jahren nennen werden ... Auch wenn wir (damit meinte Czernin sich selbst) *keinen Weg finden, moderne Architektur als schön zu empfinden, müssen wir zumindest zugeben, dass einige davon sehr interessant ist. Das Festspielhaus z. B. mit seinen Fresken von Faistauer* (Anton Faistauer, 1887–1930, österreichischer Maler) *ist es sicher wert, angesehen zu werden. So auch die Skulptur der Kreuzigung im Kloster von St. Peter. Sie verdient wirklich drei Sterne* (drei Baedeker-Sterne für besonders sehenswerte Kunstwerke) *und hinterlässt einen tiefen Eindruck.*

Ihr werdet nicht wesentlich weiser geworden sein, nachdem ihr euch durch dieses Kapitel gekämpft habt, und ihr werdet über die Architektur Salzburgs eine Menge mehr selbst herausfinden müssen, wenn ihr wirklich etwas darüber wissen wollt. Ich würde euch empfehlen, das zu machen, denn Salzburg bietet die einzigartige Chance, die Architekturgeschichte Europas (an einem Ort) *zu studieren, und lässt nebenbei genug Zeit für Cocktails, Dinner-Partys und all diese Dinge …«* (58 ff.)

Wer ist dieser Mozart?

*»Mozart ist göttlich. Und Salzburg hat ihn hervorgebracht,
Salzburg, die berühmte Stadt ... der Punkt, wo sich Deutschland
und Italien berühren.«*
(Guy Mollat du Jourdin, Salzbourg. Cité Ardente)

Auch wenn Czernin am Ende des Kapitels einen völlig unerwarteten Grund angibt, warum er diese Kurzbiografie verfasst hat, sollte sie hauptsächlich als Einführung für englische und amerikanische Touristen dienen. *»Man kann nicht einfach nur durch Salzburg laufen und nichts über Mozart wissen. Er ist der Held des Ortes und man sollte sich über dieses Thema vorinformieren, da die Menschen viel über ihn sprechen. Wie würde es euch ergehen, wenn ihr nicht mitreden könnt?*

Hier also die Geschichte: Wolfgang Amadeus Mozart – warum haben Musiker immer so komische Namen? (Das bezieht sich besonders auf das Englische, Mozart klingt wie Mott's art, *also die Kunst von jemandem, der Mott heißt) – wurde 1756 in Salzburg geboren. Sein Vater hatte eben ein sehr gutes und schlaues Buch über Musik geschrieben, als das Kind auf die Welt kam. Seine Mutter muss sich auf dasselbe Thema (Musik) konzentriert haben, da der dreijährige W. A., wenn man einige Pölster auf den Klavierhocker legte, so gut am Klavier war, wie es die meisten von uns nie sein werden ...*

Vater Mozart dachte, dass er mit dem Sohn einiges Geld verdienen könnte, also gingen sie auf Tournee. Zuerst nach München, wo er (der Sohn) einige Konzerte gab, die dem Vater Geld einbrachten und ihm eine Menge Applaus. Dann nach Wien, wo er sogar am Kaiserhof musizierte, und bevor er zehn Jahre alt war, hatte er Paris, Holland und London gesehen (das waren enorme Strecken, für die man wochenlang in unbeheizten oder glühend heißen Kutschen ohne Stoßdämpfer saß; darüber ist in den Briefen der Familie sehr viel zu lesen). *Es zeigt auch, was für ein Genie er war, dass er sogar im nebligen London weiter Sonaten schreiben konnte. Es war auch klug von ihm, sie der Königin zu widmen, da das einen guten Eindruck machte und ihm zu ausgezeichneter Presse verhalf.*

Er war ein recht schwacher kleiner Kerl, und auch wenn ihn dieses Herumeilen sicher sehr inspirierte und seiner Musik guttat, wird es für seine Lungen nicht so gut gewesen sein und sicher etwas mit seinem frühen Tod zu tun haben. Da wir aber nichts beweisen können, machen wir keine große Sache daraus, sondern betrachten ein kurzes, aber fruchtbares Leben.

Der gute alte Erzbischof von Salzburg (Graf Sigismund Schrattenbach, 1698–1771) *hielt eine Menge von dem Kind und engagierte es an seinen Hof, was ihm noch genug Zeit ließ, komische Opern und eine Menge Kirchenmusik zu komponieren. Es war einfach großes Pech für ihn, dass der liebe alte Mann starb und sich der neue Erzbischof als strenger, unnachsichtiger Mann ohne den geringsten Humor herausstellte. Er wollte Mozart natürlich bei sich haben, er war aber kleinlich und behandelte den Burschen wie Dreck. Mozart war so etwas nicht gewohnt, also reagierte er darauf und verschwand. Er machte den Fehler zu glauben, dass ein kluger Mann immer seinen Lebensunterhalt verdienen kann, wenn er in seinem Job gut ist. Also reiste er nach Paris und nach München und fand bald heraus, dass es dort keinen Job für ihn gab, also musste er zurückkehren und für das dankbar sein, was er vom Erzbischof bekam. Diese Eskapaden machten die Dinge für ihn in*

Salzburg nicht einfacher und das Leben wurde ziemlich hart. Noch hatte er seine Musik, und wenn er sich über alles ärgerte, schrieb er einfach eine Sonate oder eine andere schöne Melodie und war wieder er selbst.

Seine Oper Idomeneo *stellte sich damals in München als großer Erfolg heraus. Er hat zwar nicht viel verdient, er erregte damit aber viel Aufmerksamkeit, und das war damals sogar mehr wert, als es heute ist. Nun (im Alter von 25 Jahren) war er sich sicher, ein Genie zu sein und dass er mit dem Komponieren seinen eigenen Weg beschreiten konnte. Italienische Musik hatte ihn so viel wie möglich gelehrt, und nachdem er eine Weile Gluck und der französischen Oper gefolgt war, hatte er plötzlich die Idee, völlig eigenständige Musik zu komponieren. Das macht ihn so bedeutend, denn damit erfand er die deutsche Oper. Aber der arme Mozart entdeckte bald, dass es gar nicht so lustig war, ein Genie zu sein, da nur wenige Menschen verstanden, was er komponierte, und die meisten noch immer der italienischen Musik anhingen, die sie gewohnt waren.*

In der Zwischenzeit verschlimmerten sich die Zustände am Hof immer mehr und der Tag näherte sich rasch, an dem sich der Fürsterzbischof weltberühmt machte, da er der einzige Mann war, dessen Fuß je mit dem weichsten Teil des berühmten Komponisten in Kontakt kam (so lautet die Legende, in Wahrheit hatte er die Tat an seinen Oberküchenmeister Graf Karl Joseph Arco delegiert) ... *Dieser Hinauswurf war eine Erleichterung für Mozart, der nach Wien eilte, wo er auf die Unterstützung des Kaisers (Josef II.) hoffte.*

In seiner Freizeit ermutigte der Kaiser den großen Musiker, aber als Regent war er ziemlich beschäftigt und die Ermutigung fiel schließlich nicht allzu groß aus. Einige Wiener Aristokraten nahmen sich eine Weile seiner an, das langweilte sie aber rasch und sie ließen ihn fallen, sobald sich das nächste Amusement ankündigte.

Mozart war nicht der Mann, der arbeitete, wenn er frei und glücklich war, also stürzte er sich in ein neues Schlamassel und heiratete die Schwester des Mädchens (Constanze Weber, 1762–1842, Schwester von Aloysia Weber, die Frau, die Mozart eigentlich bevorzugte, die seinen Heiratsantrag aber ausschlug), *das er liebte. Diese Dame hatte bald großen Erfolg damit, sein Leben so elend wie möglich zu machen, was genau das war, was er brauchte, um sich hinzusetzen und mehr Musik zu komponieren. Seine Arbeit war die einzige Freude, die er im Leben hatte. Wann immer er sich schlecht fühlte, komponierte er. Wir müssen der Dame wirklich sehr dankbar sein.*

Wolfgang Mozart war nun also Constanze, seiner Frau, und seiner Arbeit überlassen ... und so entstanden all diese wunderbaren Opern.

Zu Beginn sorgten sie alle für Furore, aber bald vergaßen die Menschen sie wieder. Es waren damals Dutzende Italiener in Wien, alle komponierten und waren entschlossen, sich nicht vom Platz verdrängen zu lassen. Sie waren außerordentlich gute Ränkeschmiede und in dem Moment, wenn Mozart etwas Neues fertiggestellt hatte, sagten sie den Theaterdirektoren, dass die Zuschauer das ohnehin nicht verstehen würden, und die Opern wurden bald wieder vom Spielplan genommen. Wenn die Wiener die Entführung aus dem Serail, Figaro, Don Giovanni *und* Così fan tutte *ein paar Mal gehört hatten, wandten sie sich wieder den italienischen Opern zu, die sie genauso mochten, und bemerkten kaum einen Unterschied.*

Der König von Preußen (Friedrich II.) *dachte damals, dass es ihm eine Freude wäre, Mozart in Potsdam zu haben, also bat er ihn ›zu kommen und ihn irgendwann zu besuchen‹.*

(In Berlin angelangt) *bot ihm der König einen schönen, einträglichen Posten, aber Mozart lehnte mit der Begründung ab, dass er seinen ›guten Kaiser‹ unmöglich verlassen könne. Ob das der wirkliche Grund war oder ob er Potsdam nicht mochte, weil er fürchtete, das ganze Jahr über Militärmärsche schreiben zu müssen, ich weiß es nicht. Jedenfalls schlug Mozart das Angebot aus, und als der ›gute Kaiser‹ innerhalb des nächsten Jahres starb, ohne für ihn vorgesorgt zu haben, ging es ihm sehr schlecht. Seine Finanzlage war in üblem Zustand, seine Lungen begannen Probleme zu machen und die liebe Constanze zeterte vom Morgen bis zum Abend. Die Zauberflöte ist unter diesem Einfluss entstanden, und als er sein Ende nahen fühlte, tauchte ein Wiener Graf auf, der ihm eine Börse voll Gold bot, wenn er zur Erinnerung an seine geliebte Frau ein Requiem schreiben würde. Das war genau das Richtige, das Mozarts Sinn für Dramatik entsprach. Also schrieb er das Requiem – ein wunderschönes Stück Musik –, und als er die letzte Note geschrieben hatte, fiel er um und war tot.«*

In Wahrheit konnte Mozart das Requiem nicht vollenden. Sein Schüler und Assistent Franz Xaver Süßmayr (1766–1803) übernahm den größten Teil der Fertigstellung. Er verwendete dafür Zettelnotizen von Mozart, komponierte vermutlich fünf Stücke und orchestrierte, was unvollständig geblieben war. Süßmayr wurde bei der Arbeit von Joseph Leopold Eybler (1765–1846), einem Freund und Schüler Mozarts, unterstützt. Constanze Mozart war viel daran gelegen, dass das Requiem vollendet wurde, da sie weder die Anzahlung zurückgeben noch auf die fehlende Hälfte des Geldes für die Fertigstellung verzichten wollte.

»Constanze erhielt die mit Gold gefüllte Börse und heiratete später einen Mann namens Nissen (Georg Nikolaus Nissen, 1761–1826), *der nach ein paar Ehejahren genau wusste, wie*

Mozart sich gefühlt haben muss, also schrieb er die Biografie des armen Mannes in den wohlwollendsten Worten.

Mozart starb mit sechsunddreißig Jahren, er hätte eine Weile länger leben müssen, um zu sehen, wie berühmt er wurde. Das war erst Jahre später, als für seine Arbeit keine Tantiemen mehr gezahlt werden mussten und die Musik-Verleger dachten, dass es ein gutes Geschäft sein könnte, seine Stücke zu publizieren. In der Zwischenzeit war er so berühmt und ein Kapital für den österreichischen Fremdenverkehr geworden, dass ich dieses Kapitel über ihn schreiben musste, was ich eigentlich nicht wollte.« (74 ff.) Das ist natürlich als Spaß zu verstehen. Es klingt witziger, wenn man den Grund für das Mozart-Kapitel dem Tourismus zuschiebt. In einem Buch über Salzburg und die Festspiele durfte es natürlich nicht fehlen, da Mozart und sein ab Mitte des 19. Jahrhundert schon hoch geschätztes Werk der wichtigste Anlass für die Gründung der Salzburger Festspiele waren.

Einige hilfreiche Bemerkungen zu den Salzburger Festspielen

»Über den Zuschauerraum rollte eine Plane, und nun, da der Regen auf dieses Zeltdach prasselte, war es auch akustisch unmöglich geworden, Goethe zu verstehen. Faust machte den Mund wie ein Nussknacker auf und zu. Gretchen und Mephisto wurden nass und durften keinen Schirm aufspannen.«
(ERICH KÄSTNER, DER KLEINE GRENZVERKEHR)

»Alle Festspiele, denke ich, müssen einen Anlass haben. Man kann schließlich nicht ohne Grund festlich sein. Manchmal ist man das, aber man kommt sich später gewöhnlich wie ein Idiot vor ... In Salzburg ist die Sache einfach, da Mozart nicht

Das Szenenbild »Auftritt der Buhlschaft« aus der Eröffnungsvorstellung der ersten Salzburger Festspiele, 1920.

umsonst in der Getreidegasse 9 geboren wurde. Die Menschen haben zu Recht gedacht, dass sie sich dankbar erweisen sollten, weil er alles, was Salzburg ausmacht, in Musik gefasst hat, und stellten Festspiele auf die Beine. Es würde ihm sicher gefallen, wenn er auf die Stadt, die früher seine Heimat war, herunterschauen könnte. Nebenbei dachten die Festspielgründer auch, dass es ein guter Weg wäre, die schlechte finanzielle Lage der Stadt zu verbessern. Als sie diese Entschuldigung gefunden hatten, konnten sie festlich werden.

Es war ein schwerer Schlag für die Salzburger, als Napoleon beschloss, das Erzbistum zu erniedrigen und es zu einer drittklassigen österreichischen Provinzstadt zu machen. Sie waren es gewohnt, im Mittelpunkt des Interesses zu stehen, und nun waren sie mit einem Schlag nichts mehr. Sie gaben sich große Mühe, in Mittelmäßigkeit zu verfallen, aber immer, wenn sie schlafen gingen und versuchten, wie die Menschen jeder anderen Provinzstadt zu sein, wurden sie von den Geistern der Genien wach gerüttelt, die sie hervorgebracht hatten und die über dem Ort schwebten.

Bereits um die Mitte des letzten (19.) Jahrhunderts schauten die Menschen plötzlich von den Zeitungen auf, die sie in den Kaffeehäusern lasen, und sagten zu ihren Nachbarn: ›Wie wäre es mit Festspielen?‹ Der Nachbar antwortete ›Was …?‹ und las den Artikel über den letzten Mordprozess weiter. So begann sich die Idee für Festspiele tief in den Salzburgern zu verwurzeln. Unbewusst, wie man so sagt (das spielt wieder auf Sigmund Freud an). Was wiederum beweist, was man bewirken kann, wenn man Fragen stellt und sie oft genug wiederholt.

In der Zwischenzeit standen die prachtvollen alten Gebäude da und taten nichts anderes, als schön auszusehen und sich leidzutun. Ab und zu, so vermute ich, dachte jemand, dass es schade sei, so viel Schönheit zu verschwenden. Es dauerte aber mehr als weitere fünfzig Jahre, bis der richtige Typ eines 20.-Jahrhundert-Mannes kam und den kommerziellen Effekt einer tausendjährigen Tradition ... erkannte.

Während des (Ersten) *Weltkriegs bemerkten plötzlich einige Leute, die bis dahin in den Wolken gelebt und das als angenehm empfunden hatten, dass ihre Welt auseinanderfiel. Sie bekamen Angst, dass der Hass und die Grausamkeit, das sinnlose Dahinschlachten und der Verfall aller traditionellen Werte zur Zerstörung aller Schönheit und aller unsterblichen Gedanken dieser Welt führen würde. Da sie Österreicher und daher optimistisch waren, setzten sie sich zusammen und gründeten unverzüglich die Salzburger Festspiel-Gemeinde, während der Krieg in den Gräben von Flandern, Gallipoli, auf den Feldern Russlands, in den italienischen Ebenen und – am schlimmsten von allem – in allen Regierungsbüros dieser Welt weitergeführt wurde. Die Proklamation, die diese Männer* (anlässlich der Gründung der Festspiel-Gemeinde) *1916* (!) *veröffentlichten, beinhaltet einiges, was wert ist, in unserer Zeit wieder gelesen zu werden. Eine Zeit in der die Wünsche der Verfasser Wirklichkeit geworden sind. Wenn man sie liest, könnte man beinahe den Glauben an die Menschheit wiedererlangen:*

›Nebel umgibt die Welt und es scheint kein Ende des grausamsten aller Kriege zu geben. Niemand weiß, was die nächste Stunde bringen wird. Trotzdem wagen wir den Gedanken der Salzburger Festspiele auszudrücken, die dem Frieden, der Kunst und der Freude geweiht sind. Wir appellieren an die, die an die Macht der Kunst glauben, an die, die an die Kunstwerke und an die Werte der Kunst als einzige stabile Kraft in den ewigen Veränderungen der Welt glauben, uns beizutreten und uns zu helfen, ein Refugium im Namen Mozarts zu errichten, in dem sich die Kunstliebhaber aller Länder in

festlicher Freude vereinen können, wenn einmal die dunklen Wolken dieser Weltkatastrophe verflogen sind.‹

Einiges weniges in Österreich überlebte das Ende des Weltkriegs. Die Idee für die Festspiele war eine der wenigen. In dem Moment, als die Kämpfe endeten, wurde mit der Vorbereitung der Festspiele begonnen.

1919 sollte es die erste Produktion geben, aber die Nahrungsmittelknappheit war in diesen Tagen so groß, dass es fern jeder Möglichkeit war, auch nur die wenigen Besucher, die gekommen wären, zu verköstigen. Dennoch gelang es (Max) Reinhardt ein Jahr später, Hofmannsthals Jedermann vor dem Dom aufzuführen, und die Festspiele konnten beginnen …

Das alte Theater stellte den Festspielen in den ersten Jahren seine Bühne zur Verfügung, bis 1926 die Aufschrift auf den Kriegs-LKW ›Acht Pferde oder 36 Männer‹ irgendjemanden dazu inspirierte, die alten Marställe, in denen die Vierfüßer der Erzbischöfe einst in Luxus gelebt hatten, in ein Festspielhaus umzuwandeln. Der Ort, der früher hundertfünfzig ›Pferde‹ beherbergte, bietet heute in Festspielnächten zweitausendfünfhundert ›Menschen‹ Platz.

Es begann mit Jedermann und Mozart, heute umfasst das Programm alles, von Bach bis Richard Strauss. Mozart mag die ursprüngliche Entschuldigung gewesen sein, festlich zu werden, aber die dynamischen Kräfte, die Salzburgs Renaissance- und Barocktradition noch innewohnen, machten etwas Größeres daraus, als je jemand gedacht hätte. Was hat Faust wirklich mit Mozart zu tun? Was macht Wagner in Salzburg? Was zieht tausende Menschen aus allen Teilen der Welt an, von denen die Hälfte nichts von Musik, nichts von Goethe und schon gar nichts von der Tradition des Ortes versteht? Ich habe schon viel über die Atmosphäre, die Tradition und all dieses irrationale Zeug geschrieben. Da steckt viel dahinter und ich muss darauf zurückzukommen, wenn ich nach einem Grund gefragt werde, warum Salzburg auf alle Eindruck macht, sogar auf die am wenigsten zu beeindruckenden Menschen.

Ganz Salzburg ist eine Bühne. Seine Schönheit, seine Tradition, seine Geschichte, die in den grauen Steinen eingemeißelt ist, aus denen seine Gebäude errichtet wurden, seine Musik, die Menschenmassen in Fantasie-Kleidern bewirken, dass man das Alltagsleben hinter sich lässt und vergisst, dass das Leben irgendwo in weiter Ferne eine trostlose, harte und unerfreuliche Wirklichkeit versteckt hält. Der geringen Größe der Stadt ist es geschuldet, dass man ständig auf den Festspielgeist stößt, der hinter jeder Ecke lauert und der einen, wenn man nicht furchtbar blasiert ist, über kurz oder lang überwältigt.

Ich vermute, dass einer der Gründe, warum ihr nach Salzburg kommt, der Besuch der Festspiele ist. Nicht der einzige, da bin ich mir sicher. Vielleicht nicht einmal der Hauptgrund. Aber ihr werdet ihm nicht entkommen können. Jeder erwartet von euch, dass ihr etwas Intelligentes über das Sterben des armen reichen Mannes Jedermann sagt, der das Leben bis zu seinem Tod so sehr genoss, oder über die Liebesaffären und das unanständige Benehmen dieses Burschen namens Faust; über die wilden Streiche des intellektuellen Schuhmachers Hans Sachs; über die schöne Stimme der lieblichen Dusolina (Dusolina Giannini, 1902–1986, amerikanisch-italienische Opernsängerin); *über die Aufführungen der Wiener Philharmoniker oder über den sympathischen, leicht erregbaren kleinen Mann mit dem großen Genie: Toscanini* (Arturo Toscanini, 1867–1957, italienischer Dirigent). *Ich werde mein Bestes tun, euch alle nötigen Informationen zum Thema zu geben, aber es gibt viel mehr, was ihr selbst herausfinden müsst.*

Nur ein kleiner Tipp zu Beginn: Wenn ihr euren Chauffeur nicht mitgenommen habt, geht ihr besser zu Fuß zum Fest-

spielhaus, es sei denn, es regnet, in welchem Fall ihr ein Taxi rufen solltet. Aber fahrt um Himmels willen nie mit eurem Wagen hin. Ihr braucht für die letzten zweihundert Meter eine halbe Stunde, und wenn ihr angekommen seid, müsst ihr beinahe den ganzen Weg zu eurem Hotel zurückfahren, um euren Wagen abzustellen ...

Über die Festspiele selbst, fürchte ich, kann ich euch nicht sehr viel erzählen. Ihr müsst einfach hinfahren und die meisten Aufführungen durchsitzen. Es lohnt sich.

Zuallererst gibt es den Jedermann. *Das ist ein altes englisches Stück, das Hugo von Hofmannsthal* (1874–1929, Schriftsteller und Mitbegründer der Festspiele) *neu geschrieben und das Reinhardt* (Max Reinhardt, 1873–1943, Regisseur und Mitbegründer der Festspiele), *der gelehrte Professor der Schönheit, in die wunderbare Landschaft des Domplatzes setzte. Helene Thimig, die charmante Frau des Professors* (1889–1974, Schauspielerin, lebte mit Max Reinhardt zusammen, war damals aber noch nicht, mit ihm verheiratet, da die erste Frau nicht in die Scheidung einwilligte), *wird euch in der Rolle des Christlichen Glaubens verzaubern und dabei wie eine Renaissance-Madonna aussehen, und nachdem euch die gespenstischen* Jedermann-*Rufe kalte Schauer über den Rücken haben laufen lassen, werdet ihr euch beim Weggehen als ein besserer Mensch fühlen. Es ist ein recht wohltuendes Stück, das entgegen dem alten Spruch vom Kamel und dem Nadelöhr zeigt, dass sogar ein reicher Mann im Jenseits das Glück finden darf ...*

Die Aufführung wird euch aus mehreren Gründen beeindrucken. Hörbiger (Attila Hörbiger, 1896–1987, österreichischer Schauspieler) *... hält den olympischen Rekord im Wegschleudern der Börse, eine Darstellung, die euch von der Sportlichkeit her immer wieder begeistern wird, wenn ihr sie seht.*

Der Dirigent Arturo Toscanini steigt vor dem Festspielhaus in einen Wagen, 1935.

Dagny Servaes (1894–1961, Schauspielerin) ist eine schöne und überzeugende Buhlschaft, und die Tauben, die über dem Platz fliegen und ihre Darmausscheidungen auf sie und auf euch fallen lassen, geben euch das Gefühl, Teil der Aufführung zu sein. Reinhardts Produktion ist so beeindruckend wie der Hintergrund, vor dem sie spielt, der Professor hat aber wirklich nichts damit zu tun, wenn ein Gewitterdröhnen gleichzeitig mit dem Auftritt des Todes auf der Bühne ertönt. Man kann ihm auch nicht die Schuld geben, wenn es zu regnen beginnt, bevor Jedermann gerettet ist. Alles, was ihr machen könnt, ist, euch selbst zu retten.

Dann gibt es natürlich noch Faust. *Um euch Enttäuschungen zu ersparen, sage ich euch vorab, dass keine Musik dabei ist und dass es nicht der Faust von Gounod (die 1846 uraufgeführte Oper) ist. Das Stück stammt von einem alten Mann* namens Goethe, der es für Reinhardt schrieb, ebenso wie dieser Shakespeare den Sommernachtstraum für ihn schrieb. Ich an eurer Stelle würde hingehen und es anschauen, auch wenn ihr kein einziges Wort versteht. Das Freiluft-Theater, das Clemens Holzmeister (1886–1983, österreichischer Architekt) vor dem Hintergrund der vierhundert Jahre alten Gebäude errichtet hat, wird euch gefallen. Die schön bemalten Erzengel werden euch gefallen, die ihre großen Flügel flattern lassen (ich hoffe, ich muss diese schweren Dinger nicht anziehen, wenn ich einmal dort hinaufkomme); und es wird euch Spaß machen, all die Menschen aus dem Mittelalter über den Platz gehen zu sehen, die sich aus Gründen, die nur sie kennen, gegenseitig anschreien.

Da ihr wissen wollt, worum es (im Stück) geht, hier der Kern der Handlung: Faust, ein sehr gebildeter, aber blasierter Mann, murmelt ein paar zufällige Worte, woraufhin der Teufel in Person erscheint. Im Tausch für einen Moment echter Glückseligkeit überlässt Faust dem düsteren Gesellen seine Seele. Das Erste, was dem Teufel im Zusammenhang mit Glück einfällt, ist Alkohol, das Zweitbeste sind Frauen, wofür Gretchen wie gemacht ist. Sie äußert ein paar schüchterne Sätze, verliebt sich dann in Faust, bekommt ein Kind, tötet es und kommt ins Gefängnis. Das lässt keine echten Glücksgefühle aufkommen, und als Gretchen sich weigert, mit des Teufels Hilfe gerettet zu werden, endet das Stück extrem unglücklich, was dazu beitrug, dass dieses Drama leider vom Spielplan genommen wurde ...

Viele Menschen in unserer technischen Zeit meinen, dass das Zeltdach, das in Regennächten über ... den Zuschauerraum gespannt wird, das Wichtigste am Stück ist. Das ist entschieden ein Irrtum. Die Produktion ist viel wichtiger. Tatsächlich ist sie wunderbar. Sie ist so lieblich und überzeugend, dass

Paula Wessely als Gretchen in einer Faust-Inszenierung von
Max Reinhardt, in der Felsenreitschule, 1935.

ihr einen Augenblick lang nicht an der Möglichkeit zweifelt, dass plötzlich ein irrwitziger Teufel vorbeikommt, um euch bei der Bewältigung der kleinen Schwierigkeiten, die das Leben bereithält, zu helfen. Auch die Schauspielkunst von Paula Wessely (1907–2000, österreichische Schauspielerin) *sollte euch etwas wichtiger sein als dieses bisschen wasserfester Stoff. Ihr kennt Paula Wessely natürlich von* Maskerade (der Film war zwei Jahre zuvor in die Kinos gekommen), *hier ist sie aber noch besser, als sie dort war. Wenn ihr nur ein Wort von dem verstehen könntet, was sie sagt, würdet ihr euch sofort in sie verlieben* (das Verstehen richtet sich an die englischsprachigen Zuschauer) ...

Besorgt euch ein Textbuch – man bekommt es überall auf Englisch –, das sollte euch ein wenig helfen zu verstehen, worum es in dem Stück geht. Und vergesst nicht, einen Mantel und eine Decke mitzunehmen ... Salzburger Nächte können plötzlich sehr kalt werden und es gibt etwas, das Faust nicht wert ist: eine Lungenentzündung zu bekommen.

Der Schwerpunkt der Salzburger Festspiele liegt natürlich auf der Musik. Ich weiß nicht, ob ihr musikalisch seid oder nicht. Wenn ihr es seid, dann lest besser nicht weiter, weil ich fürchte, dass ich euch nicht viel darüber sagen kann ...

Wenn ihr aber nicht musikalisch seid, gebt bitte nicht vor, es zu sein, das macht alles viel schlimmer. Seid nicht ›wahnsinnig‹ von Mozart begeistert oder davon, wie Toscanini die Meistersinger *dirigierte. Sagt nur, dass ihr Mozart mögt und sogar fünfzig Schilling zahlt, um die* Zauberflöte *zu sehen. Geht hin und sitzt sie durch und werdet deswegen kein Kultursnob. Von dieser Sorte laufen in Salzburg zu viele herum. Es ist viel origineller, zuzugeben, dass man nichts von Musik versteht, dass ihr sie eigentlich nicht ertragen könnt und dass ihr wegen des Spaßes nach Salzburg gekommen seid, weil man das halt so macht ... Ihr werdet nie den Mut haben, das zuzugeben, ihr werdet einen Monat lang über Musik reden, und wenn ihr nach Hause kommt, werdet ihr weiter über Musik schwätzen, über Wagner und Mozart, bis alle genug von euch haben. Ich kann euch nur ein paar Tipps geben, was ihr sagen sollt, wie ihr es sagen sollt und wem ihr es sagen sollt ...*

Mozart ist natürlich, wie ihr wisst, Salzburgs Held. (Er ist übrigens tot. Bittet also nicht, mit ihm bekannt gemacht zu werden. Wagner ist tot, und so auch Verdi, Gluck, Beethoven und Hugo Wolf. Richard Strauss, sagt man, lebt noch – Anm.: Er starb 1949). Mozarts Musik (das ist wichtig und kann immer wieder verwendet werden, also merkt es euch bitte) repräsentiert das österreichische Rokoko. Nein, ich werde euch jetzt nicht erklären, was Rokoko ist, nur was es bedeutete: Schäferinnen, Menuette und Kleider mit Blumenmustern ... Sagt einfach, dass Mozart der Hauptvertreter von alldem war, und ihr werdet immer goldrichtig liegen. Alle Adjektiva wie charmant und reizend dürfen verwendet werden, um seine Musik zu beschreiben. Aber bitte macht mir die Freude und nennt sie nicht ›groß‹ ...

Wenn ihr es groß haben wollt, dann nennt Wagner (Richard Wagner, 1813–1883, deutscher Komponist). Er ist der Mann, der den Ring (des Nibelungen) *und die* Meistersinger *geschrieben hat – den Text, die Musik, alles. Eigentlich gehört er nach Bayreuth, aber zuletzt hat ihn auch Salzburg adoptiert. Hier kann man die beste Aufführung seiner* Meistersinger *hören. Er ist wegen des Lärms, den er produziert, und wegen der Zeit, die er braucht, um mit seinen Opern zum Ende zu kommen, ein schwer zu verstehender Komponist. An der Tatsache, dass die* Meistersinger *die Lieblingsoper von Hitler (Adolf Hitler, 1889–1945, deutscher Reichskanzler) ist, kann man ermessen, wie schwer es ist, Deutschland zu regieren, wenn er solche Stücke zur Erholung aussitzt. Die American Company, die eine Aufnahme dieser Oper unter dem Titel ›The Hot Harmony Boys‹ bewarb, beschritt damit den richtigen Weg zu ihrer Verbreitung, aber ich würde gern wissen, ob sie Wagner vorher gefragt haben ...*

Ein anderer Mann, den man groß nennen darf, ist Beethoven. Ihr habt die Möglichkeit, seinen Fidelio *unter Toscanini und das eine oder andere seiner Orchesterwerke zu hören. Am aller-*

besten ist es, zu Beethoven gar nicht erst den Mund aufzumachen. Ihr werdet es nie schaffen, das Richtige zu sagen, wenn ihr nicht furchtbar klug seid. Und furchtbar kluge Menschen sagen selten etwas.

Es sind nicht nur die Aufführungen im Festspielhaus, die ihr besuchen sollt. Sie veranstalten auch herrliche Serenaden im kleinen Hof der erzbischöflichen Residenz (einen Klappstuhl mitnehmen!) und auch über die Domkonzerte könnt ihr zu Hause berichten.

Das Mozarteum leistet seinen Beitrag mit Matinée-Konzerten, und wenn ihr nur die Hälfte von dem macht, was ihr euch vorgenommen habt ... wird euer Kopf so voll mit Musik sein, dass es das ganze Jahr anhält, bis ihr im nächsten August wiederkommt.

Zum Schluss dieses Kapitels bitte ich euch noch einmal inständig: Genießt, was ihr seht und hört, fühlt euch so glücklich wie möglich ... dankt Gott, dass es in der Welt so viel Schönes und Großes gibt, und BITTE erzählt nicht allen davon. Es macht viel mehr Spaß, wenn man diese Freude für sich behält.« (81 ff.)

Ein Bummel durch Salzburg

>*»... als Karl und ich heute Mittag im Garten des Stieglbräu ...*
>*saßen und auf die Stadt der streitbaren und kunstsinnigen*
>*Erzbischöfe hinabschauten, war ich von neuem überwältigt.*
>*Auch Anmut kann erschüttern.«*
>(ERICH KÄSTNER, DER KLEINE GRENZVERKEHR)

Der Spaziergang durch die Stadt führt an den bedeutendsten Bauten vorbei, man erfährt auch einiges über die Geschichte der Stadt, das Wichtigste aber sind die Aufführungsorte der Festspiele: das Festspielhaus, die Faust-Bühne (des Jahres 1936), die Kollegienkirche, der Domplatz mit der Zuschauertribüne, ein Hof für Serenaden-Konzerte, Mozart-Gedenkstätten und das Marionettentheater. In nettem Plauderton werden auch Tipps und Tricks verraten, wie im Festspielhaus Behörden-Hürden überwunden werden können. Illegal. Sehr österreichisch und nicht immer zum Nachmachen zu empfehlen.

Hier die Einladung zum Bummel durch Salzburg: »*Bitte ruft bei den Smiths an und sagt, dass ihr nicht zum Essen kommen könnt, verschiebt diese Cocktail-Party, die euch ohnehin nicht guttut, und lasst uns durch Salzburg bummeln. Wir werden den ganzen Tag unterwegs sein und irgendwo unterwegs in einem dieser* Bräustüberln *essen, wo man auf harten Bänken unter schönen Kastanienbäumen sitzt, sich von Geselchtem mit Kraut ernährt und das schäumende Produkt einer der zahllosen lokalen Brauereien trinkt.*

Treffen wir uns vor dem Österreichischen Hof (heute Hotel Sacher Salzburg)*, da er leicht zu finden ist. Ihr werdet wahr-*

scheinlich gegen 10 Uhr dort sein. Zuerst schauen wir in die Lounge, ob irgendjemand da ist, der es lohnt, gesehen zu werden oder mit ihm zu sprechen ...

Wenn wir ein paar witzige Bemerkungen gehört und all die Menschen in ihren Morgenmänteln herumlaufen gesehen haben, können wir (mit dem Spaziergang) beginnen. Wir schlängeln uns an all den schönen Wagen vorbei – gebt Acht, dass ihr nicht über den 16-Zylinder Cord (amerikanische Automarke) von Marlene fallt – und lasst uns die Straße hinaufgehen ...

Zu unserer Rechten befindet sich das Café Bazar, in dem ihr natürlich schon wart. Jetzt ist es noch zu früh, hineinzugehen. Es wird kaum jemand dort sein und ich bin auch sicher, dass ihr es nach der letzten Nacht nicht ertragen würdet, wenn euch ein pochiertes Ei anstarrt ... Wenn wir in einer Stunde wiederkommen, werden wir keinen Platz mehr finden und jeder, den wir treffen, wird furchtbar bedeutend ausschauen und sich furchtbar bedeutend fühlen und den Eindruck erwecken, dass die gesamten Festspiele von ihm abhängen ...

Gleich auf der anderen Straßenseite ist die (nicht mehr existierende) *Savoy Bar, in der ihr, mit Ausnahme des Festspielhauses, die beste Musik der Stadt hören könnt. Wenn ihr gern tanzt und überfüllte Räume mögt, solltet ihr in einer dieser Nächte dorthin gehen. Wenn ihr Menschenmengen lieber ausweicht – gleich nebenan ist die Barock-Bar* (sie befand sich im ersten Stock des Hauses Schwarzstraße 6)*, wo kaum jemand ist, außer den Salms natürlich, denen die Bar gehört und die euch hervorragendes Essen servieren. Sie haben einen französischen Koch, also ist das genau der richtige Platz, um eure Mägen von zu viel Knödeln und Sauerkraut zu kurieren. Daneben, dieses kleine Geschäft mit den Lederhosen im Fenster, ist Lanz ... Es ist jener Ort, an dem all die lustigen*

Der schon damals gutbesuchte Gastgarten des Café Bazar, 1930.

Kleider erfunden werden, die ihr tragt und die euch glauben lassen, dass ihr wie Einheimische ausseht. Lasst uns hineingehen und uns umschauen. Der Mann ... hinter dem Ladentisch ist Sepp Lanz persönlich, der große Erfinder. Er hätte in der Renaissance geboren werden sollen, als sich die Menschen noch prachtvoll kleideten und alle wie Könige aussahen. Aber auch in unseren prosaischen Tagen ist er mit dem Kreieren von fantasievollen Kleidern ganz erfolgreich. Er hat heute Filialen in Wien, in London und in New York und verdient so viel Geld, wie jeder einzelne Salzburger es gerade noch erträgt. Was immer ihr macht, wenn ihr dort seid, legt nichts ab, was euch gehört, denn ich kann euch versichern, es ist in kürzester Zeit weg. Meine Freundin und ich waren neulich dort, sie nahm ihren Hut ab, um einen neuen zu probieren, und als sie bemerkte, dass sie ihren alten lieber hatte, sah sie ihn auf dem Kopf einer schönen Amerikanerin, die ihn auch mochte (ihn zu ihren Einkäufen gelegt) *und auf ihre Rechnung genommen hatte, aus dem Geschäft marschieren. Was mich ganz in meine Freundin verliebt machte, war ihr Temperament. Die amerikanische Dame schien es nicht halb so sehr zu schätzen wie ich. Tatsächlich wurde sie recht wild, als Baby aufsprang und ihr den Hut von den Locken riss ...*

Bevor wir (in der Enge des Raums) Klaustrophobie bekommen, lasst uns wieder hinausgehen und einen raschen Blick über den Fluss werfen, bevor wir ihn überqueren. Sagt ein paar Minuten lang nichts, steht nur dort und nehmt das Bild in euch auf. Es ist eine Freude, alles nur anzuschauen: die hohen und schmalen Häuser mit ihren flachen Dächern, alle in verschiedenen Farben, die hohen Kirchtürme, die über ihnen emporragen, und die Festung, die sich über allem erhebt ...

Gehen wir über die Brücke mit den lustigen kleinen Fahnen, aber gebt Acht, dass ihr nicht überrannt werdet. Es ist nicht einfach, durch die Straßen von Salzburg zu spazieren, da sie sehr eng und zahllose Menschen unterwegs sind ... Ihr werdet genauso oft vom Gehsteig gestoßen, wie ihr Leute vom Gehsteig stoßt, und ihr werdet euch daran gewöhnen müssen zu sagen: ›Pass auf, wost hingehst, Depp, g'scherter‹, was auf Salzburgerisch so viel heißt wie: ›Es tut mir so leid!‹ Die zwei Polizisten auf beiden Seiten der Brücke tragen im August weiße Handschuhe und fühlen sich beim Herumdirigieren der Wagen furchtbar bedeutend. Stellt euch den Spaß vor, den sie haben müssen, Marlene anzuhalten, damit Toscanini die Straße überqueren kann, oder umgekehrt ...

Auf der Südseite des Flusses liegt der alte Teil von Salzburg. Er umarmt den Hügel, auf dem die Festung steht, und bildet einen Halbkreis um jenen Teil Salzburgs, den die Mitglieder des fürsterzbischöflichen Hofs bewohnten.

Der Platz, auf dem wir stehen, ist der Rathausplatz, ein gemütliches Stück Salzburg, wie man es hier überall findet.

Sie haben die Straßenbahnlinie (über den Platz) *verlegt, was besonders klug von ihnen war, da das die Todesrate erhöht und Überbevölkerung verhindert.*« Die Straßen- oder Stadtbahn Salzburgs bestand von 1887 bis 1940 und führte, was man sich gar nicht mehr vorstellen kann, sogar durch die Getreidegasse. An den Seiten gab es nur schmale Trottoirs, worauf das erwähnte Vom-Gehsteig-Stoßen und -Gestoßen-Werden anspielt.

Die Getreidegasse »*ist voll mit netten alten Wirtshäusern, an allen Häusern hängen hübsche schmiedeeiserne Handwerkszeichen, hier könnt ihr euch wie im Mittelalter fühlen … Während Mozart in beinahe jedem Haus in Salzburg gewohnt hat* (dieser Scherz trifft nur auf Wien zu, in Salzburg hat er lediglich zwei Häuser bewohnt), *ist Getreidegasse 9 das einzige Haus, in dem er geboren wurde. Heute ist darin ein Mozart-Museum mit einer Menge interessanter Dinge untergebracht. Wenn ihr an Musik interessiert seid und daran, wie sie geboren wird, solltet ihr … es besuchen. Auch Richard Mayr* (1877–1935, Opernsänger), *den charmantesten Ochs auf Lerchenau* (eine Hauptrolle der Oper *Der Rosenkavalier*), *der in Salzburg geboren wurde und der vor einigen Jahren starb, wird dort gedacht.*

Wir gehen geradewegs in den Eingang des zweiten Hauses zu unserer Linken und befinden uns in den Höfen zweier alter Salzburger Häuser. Über uns sind Loggien und hohe Balkone, und wenn ein blauer Himmel auf uns herunterlacht, wundert man sich, warum die Menschen um uns herum nicht italienisch sprechen. Wir könnten in Neapel oder in Siena sein, aber es ist nur ein kleines Stück von Alt-Salzburg, dieser italienischen Stadt in der Mitte einer deutschen Landschaft … Unser Durchgang öffnet sich zum Universitätsplatz, der um diese Tageszeit der Marktplatz ist, wo die Einheimischen Obst, Fleisch und Gemüse kaufen.

Ich fürchte, wir müssen hier haltmachen – ob Ihr wollt oder nicht – und ein Paar Weißwürste kaufen, wobei wir uns furchtbar salzburgerisch fühlen werden. Während die lieblichen Würste auf unserer Zunge zergehen, können wir etwas für unsere Bildung tun und uns umschauen, um die Schönheit der Umgebung zu bewundern. Die Kirche vor uns ist die Kollegienkirche (oder Universitätskirche), *durch und durch barocke Architektur, die Vorstudie zur Karlskirche in Wien.«* Beide Kirchen stammen von Fischer von Erlach. Da die Salzburger Kollegienkirche 1707 geweiht wurde, die Wiener Karlskirche aber erst zwanzig Jahre später, erscheint diese Bemerkung durchaus logisch. Dass es sich bei dieser Kirche um eine Vorstudie für die Wiener Karlskirche handelt, liest man auch in manchen kunsthistorischen Büchern und Artikeln, hier ist diese Bemerkung aber als Spaß zu verstehen. *»Fischer von Erlach, der Clemens Holzmeister* (1886–1983, einer der populärsten Architekten der Epoche) *dieser Zeit, eignete sich in Salzburg alles Wissen über Kirchenbau an, und als er genug wusste, ging er nach Wien, wo er sein Meisterwerk errichtete. Vor einigen Jahren inszenierte Reinhardt Das Mirakel in der Kollegienkirche, ein religiöses Stück, das Lady Diana Manners die Möglichkeit bot, als Madonna wunderschön auszusehen und der Welt zu zeigen, was für eine vollendete Schauspielerin sie ist.« Das Mirakel*, ein Stück über die Marienlegende von Karl Gustav Vollmoeller, wurde 1911 uraufgeführt. Große Bekanntheit erlangte es durch den ein Jahr später in die Kinos kommenden gleichnamigen Stummfilm von Max Reinhardt. Im Jahr 1936 führte er es als Theaterstück in der Kollegienkirche auf. Die Hauptrolle vertraute er Lady Diana Manners (1892–1986) an, einer Dame der Londoner Gesellschaft, die sich als Schriftstellerin und Schauspielerin einen Namen gemacht hatte. Sie zu engagieren, um noch mehr reisefreudige

Engländer nach Salzburg zu locken, war eine der zahlreichen brillanten PR-Ideen Max Reinhardts.

»Um uns stehen Häuser, die sich seit Jahrhunderten im Besitz alter Salzburger Bürgerfamilien befinden. Sie standen all die Jahre dort und haben Generationen von Menschen beobachtet, die wie wir jetzt Weißwürste aßen. Nachdem wir den Rest des unglücklichen toten Schweins (das war ein Irrtum, Weißwurst besteht hauptsächlich aus Kalbfleisch) hinuntergeschlungen haben, schlendern wir auf dem Universitätsplatz weiter und nehmen dabei die Atmosphäre in uns auf. Vor uns und links von uns erhebt sich der Mönchsberg, ein imposanter Fels und steil wie die Wände eines Hauses. Mit etwas Glück können wir angeseilte Männer sehen, die … mit schweren Eisenhämmern heftig auf den Hang einschlagen (das geschieht eigentlich nicht im August, sondern im Frühjahr). Es könnte ein Spaß sein, aber sie machen es nicht deshalb. Sie werden dafür bezahlt, da vor vielen, vielen Jahren ein Teil des Berges mit Krach herunterstürzte und eine schreckliche Unordnung in dem darunter liegenden Viertel anrichtete. Der Gentleman, der damals Erzbischof war, war eine humane Seele und wollte seine Untertanen nicht … von Felsen zerschmettert sehen, also schenkte er der Stadt ein oder zwei Kirchen, unter der Bedingung, dass die Stadtverwaltung darauf achtete, dass es zu keinen weiteren Felsstürzen käme. Seit damals schweben Menschen um die Felsen, arbeiten die Schulden der Stadt ab und nennen sich Berg-Putzer.« Einer der schlimmsten Felsstürze hatte sich im Jahr 1669 ereignet, er kostete 220 Menschen das Leben. Trotz der besseren Vorsorge seitens der Stadt kam es einige Jahre später noch einmal zu einer ähnlichen Katastrophe, bis man den Berg ab 1778 regelmäßig von losen Steinen befreite, um weiteres Unglück zu verhindern.

»*Vom Universitätsplatz kommend, öffnet sich vor uns der Platz zum Siegmundstor* ... (rechts davon befindet sich die Pferdeschwemme, in der) *die Pferde des Erzbischofs täglich ihre kalte Dusche nahmen* ... *Hier* (auf den Wandmalereien) *habt ihr eure barocken Pferde, die auf den Hinterbeinen stehen* ... *Es ist lustig, wie sehr sich der Charakter der Pferde in den letzten 250 Jahren geändert hat. In barocken Tagen* ... *waren sie außerordentlich begabt, auf ihren Hinterbeinen zu gehen. Wenn man Pferde das in einem Zirkus vorführen sieht, ist man sofort bereit, die armen Dinger zu bemitleiden. Muss man nicht! Das steckt in ihrer Natur, sie haben erst in den letzten drei Jahrhunderten gelernt, auf allen vieren zu gehen* ...

Wenn ihr euch für Springbrunnen interessiert, könnten wir die paar Meter bis dorthin gehen, wo der Lift den Berg hinauf- und hinuntersaust. Gleich gegenüber steht der netteste und hübscheste Springbrunnen, den ihr je gesehen habt ...

Wir nehmen denselben Weg zurück, den wir gekommen sind, grüßen noch einmal unsere Freunde, die starken Rösser, gehen weiter in Richtung Hofstallgasse und vorbei am Marstallgebäude. Der hintere Teil dieses Gebäudes wurde zum Festspielhaus umgebaut, zum Theater, in dem all die wunderbaren Stücke aufgeführt werden, für die ihr hergekommen seid. Wenn uns niemand beobachtet, gehen wir hinein und sehen uns um, bis wir von einem der grimmig dreinschauenden Beamten ... *oder sogar vom berühmt-berüchtigten Baron Puthon* (Heinrich von Puthon, 1872–1961, Präsident der Salzburger Festspiele) *persönlich hinausgeworfen werden* ... *vielleicht schaffen wir es sogar bis zur Fauststadt* (die aufgebaute Kulisse in der Felsenreitschule). *Es macht Spaß, sie bei Tageslicht anzuschauen, wenn niemand dort ist und man hinter der Bühne herumgehen und die Dinge von dieser Seite ansehen kann* ...

Der bis heute unverändert gebliebene Kapitelplatz mit der Pferdeschwemme und der Festung Salzburg und dem Dompfarramt (r.), 1935.

Weil ihr Springbrunnen so gernhabt: Beim Hinausgehen sieht man einen, der unter großen Bäumen versteckt steht. In früheren Tagen wurden hier Fische verkauft, aber außer dem Brunnen ist kaum etwas übrig geblieben, das daran erinnert. Vielleicht noch ein klein wenig Geruch.

Geht den Weg nicht zu weit, er windet sich später zum Mönchsberg hinauf, und ich bin sicher, dass ihr jetzt zu faul seid hinaufzuwandern. Nehmen wir die Richtung des geraden und engen Straßenzugs, der sich bald als Franziskanergasse herausstellt. Als euer Cicerone muss ich euch in die Franziskanerkirche führen, euch ihre Schönheit und die interessante Mischung der Stile erläutern und euch auf die Holzstatue der Madonna mit Kind auf dem Hauptaltar hinweisen, die von Michael Pacher (Tiroler Bildhauer, um 1435–1498) stammt. Wenn man den Ort verlässt, sagt man am besten: ›Was für eine wunderbare Kirche und so interessant. Mir gefiel der hintere Teil am besten, und euch?‹

Jetzt bewegen wir uns in Kreisen weiter. Zuerst zwängen wir uns durch die enge Passage gegenüber dem Kircheneingang (in der Franziskanergasse) *in den ersten Hof des St.-Peter-Stiftes ... Benediktiner bewohnen es, sie sind seit der Gründung des Klosters für die geistige Arbeit und für die Weinproduktion* (damit ist der Wein aus dem Dornbacher Weingut in Wien gemeint) *berühmt. Auch heute noch hat St. Peter die erlesenste Bibliothek der Stadt und den besten Wein in weitem Umkreis. Im Peterskeller gleich gegenüber werden wir später Mittag essen, jetzt schauen wir nur hinein, da er wirklich sehr schön ist und ohne Menschen, die mit dem Abnagen von Hühnerknochen oder einer Kalbsstelze beschäftigt sind, noch schöner.*

Es gibt noch einen zweiten, öffentlich zugänglichen Hof, der dem ersten ähnlich, aber viel moderner ist. Frauen ist es nicht erlaubt, weiterzugehen, sie dürfen nur einen raschen Blick auf die Kreuzigungsszene, das Werk eines zeitgenössischen Künstlers, werfen und müssen dann im äußeren Hof warten, während wir hineingehen und das alte Klostergebäude ansehen. Ich verstehe nicht, warum wir nicht alle Mönche geworden sind. Außer in Spanien, wo es in letzter Zeit für Mönche ungemütlich geworden ist. Es muss herrlich sein, ein Leben fernab aller Sorgen dieser Welt zu führen.« Die Bemerkung, dass es in Spanien in letzter Zeit für Mönche ungemütlich geworden war, hängt mit dem im Sommer 1936 begonnenen Bürgerkrieg zusammen. Kommunisten hatten damals zahlreiche Priester und Ordensleute ermordet. Die Mönche von St. Peter blieben während der folgenden nationalsozialistischen Herrschaft zwar am Leben, sie mussten aber Zwangsmaßnahmen hinnehmen. Die Erzabtei wurde 1939 enteignet, bis 1942 durften die Mönche darin verbleiben. Dann mussten sie mit Ausnahme von zwei Priestern das Kloster verlassen. Im September 1945 konnten der Abt und alle Mitglieder des Konvents wieder zurückkehren.

»Wenn wir wieder mit den Damen vereint sind, nehmen wir denselben Weg zurück, am Peterskeller vorbei zum Petersfriedhof, dem alten Friedhof der Stadt, meiner Meinung nach einer der nettesten Orte, um auf den Tag des Jüngsten Gerichts zu warten. Man wäre dort auch in bester Gesellschaft, zahllose Erzbischöfe und Aristokraten liegen hier, die meisten ihrer Gräber sind mit wunderschön gestalteten Steinen bedeckt. Der Friedhof ist nicht mehr in Verwendung und die Zeit vergeht, ohne dass sich Neuankömmlinge der schlafenden Gesellschaft anschließen (das scheint sich mittlerweile wieder geändert zu haben). *Eine Selbstzufriedenheit liegt über dem Ort, die schwer zu erklären ist. Ich bin mir aber sicher, dass ich sie im Tod gern um mich hätte.*

Über uns in den Felsen geschlagen liegen die Katakomben, die Verstecke der hiesigen frühen Christen. Sie lohnen es, besichtigt zu werden, was viel Stiegen-Steigen im Bergesinneren bedeutet.

Wenn der Totengräber da ist, bitten wir ihn, die St.-Margareten-Kapelle für uns zu öffnen, eine der elegantesten kleinen gotischen Kirchen der Stadt. Wer sich für frühere Zeiten interessiert, wird hier umfassend fündig. Ich will euch aber nicht langweilen und alles erwähnen, das wert ist, angesehen zu werden. Es ist viel netter, herumzugehen und die Dinge selbst zu entdecken oder sich an Herrn Baedeker zu halten.

Wenn wir den Friedhof verlassen, gelangen wir, am kleinen Haus des Totengräbers vorbei, auf den Kapitelplatz, auf dem ein weiterer dieser Bade-Plätze für Pferde errichtet wurde. Es war nett, dass sie das gemacht haben, ich weiß aber nicht, warum, da die Menschen damals selbst keine Badezimmer hatten.

Jetzt ... gehen wir die Bierjodelgasse hinauf. Der Name dieser Straße ist psychologisch äußerst interessant. In Salzburg ist die Kombination von Bier und Jodeln nicht zu weit hergeholt, da in einem Teufelskreis das eine automatisch zum anderen führt – Bier über Glückseligkeit zum Jodeln und Jodeln über Durst zu Bier.

Weil wir von Bier sprechen: Das Stieglbräu (= der Stiegl-Keller der gleichnamigen Brauerei, die seit 1492 besteht) liegt nur ein paar Meter über uns. Es ist einer der gemütlichsten Plätze zum Rasten und Essen in der ganzen Stadt. Dort oben gibt es eine hübsche Terrasse mit Blick über Salzburg und man bekommt ausgezeichnet gutes Essen und herrlich schäumendes Bier. Aber jetzt wollen wir hinauf zur Festung und nehmen die eigenartig aussehende Standseilbahn, mit der wir in fünf Minuten oben sind. Oben angelangt, übergebe ich euch dem öffentlichen Führer, der euch alles erzählen und euch durch all die Jahrhunderte geleiten wird, die an der befestigten Burg ihre Spuren hinterlassen haben. Ich werde mich in der Zwischenzeit auf die Mauer setzen und meine Füße hinunterbaumeln lassen, bis ihr zurück seid. Es ist schön, hier zu sitzen und auf die Miniaturstadt zu seinen Füßen zu schauen, auf die Ebenen, die sich so weit erstrecken, wie der Himmel reicht und bis hinauf zu den schneebedeckten Gipfeln der österreichischen Alpen.

Wenn ihr gern ein wenig Bewegung macht, können wir in die Stadt zurückspazieren. Wir kommen dort an, wo wir unseren Spaziergang begonnen haben, und gehen durch die luftigen Arkaden auf den Domplatz. Die Holzgerüste für die Jedermann-Aufführung stehen schon, das trübt aber kaum die Schönheit des Platzes; im Gegenteil, es verstärkt das mittelalterliche Aussehen sogar ein wenig ...

Natürlich werdet ihr den Dom besuchen müssen, dieses schöne Zentrum des Salzburger Lebens. Er ist frühbarock. Barock ist etwas, das man nicht sofort versteht oder in das man sich auf den ersten Blick verliebt ... Vielen erscheint Barock als Stil zu pompös und ich stimme zu, dass Dinge nicht zu pompös sein sollten. Das (Pompös-Sein) *soll man den Menschen überlassen. Dennoch ist der Dom ein prachtvolles Stück Architektur und es lohnt sich, eine halbe Stunde darin zu verbringen.*

Beim Herauskommen werft einen Blick auf die Statue in der Mitte des Platzes, die mich aus irgendeinem Grund an Helene Thimig (1889–1974, Schauspielerin) *in ihrer Rolle als Christlicher Glaube in* Jedermann *erinnert. Vielleicht ist es aber auch umgekehrt und die Thimig erinnert mich an die Statue. Ich weiß es wirklich nicht, die beiden sind an irgendeiner Stelle meines Gehirns miteinander verbunden.*

Jetzt zwängen wir uns (durch die Menschenmassen) *hinaus auf den Residenzplatz, wo ich euch noch einen Springbrunnen zeigen kann. Dieser hier ist wirklich gut. Gott allein weiß, warum die Menschen damals Pferde so liebten. Die armen Dinger* (die Pferdefiguren) *müssen Qualen erleiden, wenn sie bis zum Hals in kaltem Wasser stehen ... und auch in der Nacht keinen Schlaf bekommen, wenn Herr Hofmann-Montanus* (Hans Hofmann-Montanus, 1889–1954, Gründer des Landesverkehrsamts und PR-Mann) *die Scheinwerfer auf sie richtet. Es sind aber nicht die Pferde, die den Brunnen so interessant machen, es ist die Komposition, meine Lieben, die Komposition ...*

Vor uns ist ein Glockenturm, auf den man hinaufsteigen kann und dessen Glocken dreimal am Tag verschiedene Opern in extrem falschen Tönen wiedergeben. Die Salzburger bleiben jäh stehen, wenn das Glockenspiel beginnt, und lassen es auf sich wirken. Sie haben alle Tränen in den Augen, entweder weil sie musikalisch sind oder weil sie es so lieben.« Über die mangelnde Qualität der wiedergegebenen Melodien ist in etlichen Büchern zu lesen, u. a. in einem, das ein ehemaliger Direktor des Mozarteums schrieb: »*1705 ... erklangen die Glocken zum erstenmal vor einer andächtig lauschenden Volksmenge, wie sie heute noch täglich vor Tausenden erklingen. Ein wenig holprig, ein wenig falsch – wie die meisten Carillons –, so daß man oft Mühe hat zu erkennen, was sie spielen.*« (Bernhard Paumgartner, 127)

»*Ein rascher Blick in den hübschen Hof der alten Residenz wird euch sicher gefallen. Es ist ein wunderbarer kleiner Hof, voller Charme der alten Zeit, in dem im August manchmal Serenaden-Konzerte stattfinden. Ihr solltet euch einen Abend von euren gesellschaftlichen Verpflichtungen frei machen und eines dieser Konzerte besuchen. Falls ihr zufällig eine Einladung zu einem Empfang des Landeshauptmanns bekommen solltet, schlagt sie nicht aus. Empfänge sind generell ziemlich langweilig, aber die Räume der Residenz bei Kerzenlicht werden euch begeistern ...*

(Wenn wir das Gebäude verlassen) *wenden wir uns nach links zum Alten Markt ... Der kleine Garten vor uns ist voller Menschen, die Kaffee trinken und Zeitungen lesen. Gegenüber befindet sich das Café Tomaselli, zu dem der Garten gehört ...*

Alle Salzburger treffen sich dort zu Bridge-Partien oder um Zeitungen zu lesen. Im Sommer bemerkt man sie kaum, da sie von der sich drängenden Menge der internationalen Besucher verschluckt werden. Nur im Winter sind sie (die Einheimischen) *wirklich prominent, dann ist das Tomaselli der gesellschaftliche Mittelpunkt der Stadt.*

In der Mitte des Platzes, zwischen den parkenden Taxis, steht ein weiterer Springbrunnen, der es wert ist, näher betrachtet zu werden ... Das ist jetzt aber der letzte Brunnen, auf den ich euch hinweise. Ich habe genug von euch und euren Brunnen-Ekstasen. In Zukunft geht ihr allein und findet sie selbst.

Auf der anderen Seite des Platzes ist eine Apotheke, in die ihr hineingehen müsst. Sagt einfach, dass ihr Kopfschmerzen habt, und kauft Aspirin oder Kaugummi oder irgendetwas anderes. Ihr müsst nur hineingehen und den Raum anschauen. Die Apotheke sieht genauso aus wie vor ein paar Jahrhunderten (auch heute noch); *wenngleich ich mir nicht vorstellen kann, womit ein Apotheker damals sein Geld verdient hat, als sich die Menschen noch nicht von Aspirin und Kaugummi ernährten. Es muss harte Arbeit gewesen sein, vom Verkauf von Liebeselixieren und Froschschenkeln zu leben.*

Viele alte Häuser schmücken den Platz. Es ist lustig, wie zusammengedrängt diese Gebäude im Vergleich mit der Pracht der Residenz aussehen. Ähnlich müssen sich die Bürger damals gefühlt haben, bevor ihnen einfiel, Festspiele zu organisieren und zahlende Gäste aufzunehmen. Es wäre nicht die schlechteste Idee, eine halbe Stunde mit dem Sightseeing zu pausieren und in Tomasellis Garten einen kleinen Drink zu nehmen. Aber ich fürchte, wir haben für diese Art Nonsens keine Zeit, also machen wir besser weiter.

Die enge Gasse, in die wir jetzt rechts einbiegen, ist die Judengasse, in der sich früher das Salzburger Getto befand. Die Synagoge ist verschwunden und wurde in einen Biergarten umgewandelt; aber das Gesamtbild der Straße hat sich nicht wesentlich verändert seit der Zeit, als die Menschen, die dort wohnten, gelbe Flicken (im Mittelalter in Form von Ringen) *auf ihren Kleidern tragen mussten, um erkannt zu werden. Einmal waren die jüdischen Bewohner sogar die Haupteinnahmequelle des Erzbischofs. Da sie mit nichts anderem als mit Geld handeln durften, wurden sie alle Geldverleiher und verdienten sich damit einen schönen Lebensunterhalt, solange alles gut ging. Gewöhnlich gehen Dinge aber nicht sehr lange gut, denn die hoch verschuldeten Bürger flehten* (eines Tages) *den Erzbischof an, sie hinauszuwerfen. Freundlich* (wie er war) *ging er darauf ein, die Juden aus der Stadt zu treiben und ihr Eigentum zu konfiszieren. Das ist eine so nette und einfache Art, an Geld zu kommen, dass ich nicht verstehe, warum in den letzten drei Jahrhunderten niemand auf diesen alten, profitablen Brauch zurückgekommen ist ...«* Czernin schrieb das im Jahr 1936, schon im Exil in London lebend, als die Entwicklung der folgenden Jahre noch nicht abzusehen war. Schon kurze Zeit später hätte er es nicht mehr gewagt, über dieses Thema einen Witz zu machen. – Die Geschichte, die sich im 15. Jahrhundert abspielte, sollte für die jüdischen wie auch für die Salzburger Bürger üble Folgen haben. *»1498 ließ Leonhard von Keutschach* (der Fürsterzbischof) *unvermutet alle Juden wieder aus Salzburg ausweisen, ihre Wohnungen ausräuchern und die Synagoge zerstören. Die in jüdischem Besitz verbliebenen Schuldbriefe der Salzburger Bürger aber zog der Erzbischof selbst ein und forderte von diesen nun selbst das Geld samt entsprechenden Zinsen für die hochfürstliche Kasse.«* (Bernhard Paumgartner, 167)

Zurück ins Jahr 1936 und weiter mit dem Spaziergang über den Mozartplatz zur Kaigasse, an deren Ende Stiegen auf den Nonnberg zum Stift Nonnberg, einer Benediktinerinnenabtei, führen. Sie ist *»genauso alt wie die Abtei von St. Peter und die Damen hier kehren uns den Rücken zu, da sich innerhalb des Klosters keine Männer aufhalten dürfen. Die weiblichen Besucher werden von einer besonders netten Nonne herumgeführt, während wir nur die Kirche besichtigen und einen Teil des kleinen Gartens ansehen dürfen, den sie hier oben haben.*

Jetzt gehen wir wieder hinunter, überqueren den Fluss auf der Karolinenbrücke und befinden uns in der Steingasse, die entlang des Kapuzinerbergs verläuft. Wenn ihr ein gutes Vorstellungsvermögen habt, werdet ihr bald beginnen eine Art Mittelhochdeutsch zu sprechen und euch vorstellen, zu jenen Menschen zu gehören, die zu Fuß gehen müssen, da die Autos noch nicht erfunden waren ... Kurz bevor die Steingasse wieder im 20. Jahrhundert mündet, sorgt eine endlos lange Stiege für 16.-Jahrhundert-Atmosphäre, bis wir am Gipfel des Kapuzinerbergs ankommen, der meiner Meinung nach der attraktivste aller Salzburger ›Berge‹ ist. Dort oben steht das Haus, in dem Mozart seine Zauberflöte *schrieb ...«* Das Haus befand sich ursprünglich in Wien im heutigen vierten Gemeindebezirk. Im Zuge einer Schenkung an das Mozarteum wurde es abgebaut und nach Salzburg gebracht, wo es zunächst auf dem Kapuzinerberg aufgestellt wurde. Danach stand es einige Zeit im Garten hinter dem Gebäude des Mozarteums, heute ist es im Hof des Mozart-Wohnhauses auf dem Makartplatz zu besichtigen.

Am Ende der Stiegen angelangt, befindet sich auf der rechten Seite das Kapuzinerkloster und »*ein langer Spazierweg* (führt) *über das Berg-Plateau mit einer Menge abwechslungsreicher Blicke über die Stadt, über die Berge und über die Ebenen. Stefan Zweig* (1881–1942, Schriftsteller) *lebte hier oben* (er war 1934 ebenfalls bereits nach London emigriert) *und ich bin sicher, dass das ein Grund für seine Bekanntheit ist. Jeder, der hier lang genug lebt, würde beginnen, Bücher zu schreiben.*

Jetzt wird langsam die Sonne untergehen, und falls ihr noch nicht todmüde seid, habt ihr eine ausgezeichnete Kondition. Ich kann euch nicht helfen, aber ihr müsst noch einiges besichtigen, bevor ihr den Cocktail nehmen dürft, nach dem ihr euch wohl schon sehnt. Wir gehen hinunter in die Linzergasse, wo wir uns wieder im Zentrum der Stadt befinden.

Die Dreifaltigkeitsgasse führt euch zur Kirche der Hl. Dreifaltigkeit, ein reizendes barockes Gebäude von Fischer von Erlach. Wieder einmal wird euch der Baedeker nützlich sein, da ich es rundweg ablehne, mehr über Architektur zu sagen, als ich es im vorigen Kapitel getan habe.

Ein paar Meter weiter befindet sich eine wunderbare Salzburger Institution: das Marionettentheater. Ein regnerischer Nachmittag kann nicht besser genutzt werden, als eines dieser Stücke anzusehen ...« Hinter dem Marionettentheater liegen »*Schloss Mirabell und sein Park. Wie ihr jetzt schon wisst, wurde es für Salome Alt errichtet, aber oft umgebaut, es brannte auch gelegentlich ab, sodass vom Original nicht mehr viel übrig geblieben ist. Das Einzige, was zu besichtigen sich lohnt, ist das Stiegenhaus* (die Prunkstiege von Georg Raphael Donner, 1693–1741, österreichischer Bildhauer) ... *Ein gemütlicher Spaziergang durch den reizenden Mirabell-Garten wird eure Geister rascher beleben als der Drink, auf den ihr so ungeduldig wartet. Wohin immer ihr auch schaut, seht ihr barocke Statuen. Starke Männer tragen schöne Frauen auf ihren Schultern, Pegasus-Pferde stehen auf ihren Hinterbeinen und sind bereit, ins Paradies zu fliegen, falls ein inspirierter Dichter sie besteigt, Zwerge mit faltigen Gesichtern und ein Springbrunnen wurden extra hingestellt, um euch zu erfreuen. Wenn wir am anderen Ende des Gartens herauskommen, gehen wir am Mirabell-Restaurant vorbei, in dem ihr während eures Salzburg-Aufenthalts sicher einige Male essen werdet. Zu unserer Rechten steht das alte Theater von Salzburg, wo die Festspiele ursprünglich begannen, und weiter vor uns der Österreichische Hof mit seinen Martinis und Sidecars* (Cocktails). *Ich nehme lieber einen Whisky, danke sehr!*

Wohlgemerkt, ihr habt noch lange nicht die Hälfte der Dinge gesehen, die ihr sehen solltet, nehmt euch also noch einen Tag frei, um den Rest zu machen. Sucht jemanden anderen, der euch führt, da ich ganz schön fertig bin und ihr euch die vielen Whiskys nicht leisten könnt, die ich brauche, um wieder auf die Beine zu kommen ... Mir hat es gut gefallen. Cheerio!« (99 ff.)

Ein kurzes Kapitel über Sport

*»Da ist der blasse Chasseur eines beliebten Hotels.
Bis in den Nachmittag trieb er noch Karten auf – nicht zu
Schwindelpreisen etwa, denn das wäre kein Sport gewesen.«*
(**Annette Kolb**, *Festspieltage in Salzburg*)

Wer in den 1930er-Jahren aus England oder Amerika zu den Festspielen anreiste, blieb meist zumindest eine Woche in Salzburg, viele Gäste sogar den gesamten August. Wie man die Zeit außerhalb der Vorstellungen, die Stunden oder Tage zwischen den Aufführungen, sinnvoll verbringen konnte, erfahren wir in diesem Kapitel. Es handelt einerseits von echten Sportarten, die damals in Salzburg und Umgebung ausgeübt werden konnten, aber auch von der elitärsten aller Sportarten, der Jagd nach Festspielkarten im August. Zunächst zu den klassischen Disziplinen: »*… Man kann auf den gut gepflegten, harten Courts des Tennisklubs Tennis spielen, man kann in den Flüssen das weltbeste Forellenfischen erleben, man kann in allen Seen des Salzkammerguts Netze auslegen und man kann in Ischl sogar Golf spielen …*«

Darüber hinaus gibt es »*die Gämsen-Jagd. Viele Besitzer großer Jagdreviere in der Umgebung verkaufen Abschüsse zu sehr angemessenen Preisen. Die übliche Gebühr für eine Gämse liegt bei ungefähr 150 Schilling oder 30 Dollar. Wenn ihr nicht so gern hart arbeitet, würde ich von diesem anstrengenden Zeitvertreib abraten. Man muss steile Hänge hinaufklettern, lange Strecken gehen und viel öfter, als ihr denkt, wird euer Abschuss bei 400 Metern danebengehen, die Berggeiß* (Gämse) *erschrecken und ... hinauf zu Abgründen jagen, für die ihr ein paar Stunden länger klettern müsst, um sie zu erreichen. Andererseits ist das ein wirklich guter Sport und die Trophäen sind es wert. Der Gamsbart wird auf eurem Hut großartig aussehen, und selbst wenn ihr nicht den Mut habt, ihn in der Innenstadt von London oder Downtown New York zu tragen, gibt es genug Möglichkeiten, mit eurem Kopf plus Rasierpinsel zu wackeln. Und die Krickeln werden sich über dem offenen Kamin prachtvoll ausnehmen. Sie werden euch an die Tage erinnern, die ihr in Gesellschaft eines österreichischen Jägers in den Bergen verbracht habt, sie werden euch an das Gröstl erinnern, mit dem er euch verköstigt hat, an das Gewicht, das ihr verloren habt, an den wunderbaren Abschuss, den ihr gemacht habt, und sie werden der Welt zeigen, was für ein toller Typ ihr seid.*

Die beste Zeit, Gämsen zu schießen, ist natürlich die erste Dezemberhälfte, wenn der Schnee bis an die Brust reicht und man sich den Weg pflügen muss, um an das Wild heranzukommen. Das ist wirklich harte Arbeit, aber ein Gamsbart ist etwas, worauf man stolz sein kann.

Auch Hirsche und Rehe können geschossen werden. Die Österreicher nützen dafür die Brunftzeit, während der sich die Tiere verlieben. Der Jäger sitzt hinter einem Baum und ruft wie eine Hirschdame ...« Der Autor, der bestimmt viele Jäger kannte, selbst aber offensichtlich keiner war, hat sich hier geirrt. Der nachgemachte Ruf der Dame wird in der Rehbrunft verwendet. Hirsche werden mit dem Ruf eines männlichen Konkurrenten herbeigerufen. Da die Geschichte aber amüsant ist, soll sie als Ganzes erzählt werden. »*Der schöne Hirschmann läuft mit Schaum vor dem Mund und vor Freude röhrend herbei ... (Er) wird vorsichtig anvisiert und erlegt. Ich weiß, dass es dem angelsächsischen Sportgeist nicht entspricht, mit den Gefühlen der armen Kreatur zu spielen, aber egal, es ist ein wunderbarer Anblick, wenn diese prachtvollen Tiere im Herbst bei Tagesanbruch aus dem dichten Morgennebel auf einen zulaufen ...*

Noch schwieriger ist es mit dem Auerhahn, einem Vogel, den ihr, wenn ihr sportlich seid, mit dem Gewehr zu schießen versuchen werdet. Dieser arme törichte Kerl verliebt sich regelmäßig im März und macht einen schrecklichen Lärm darum. Er sitzt auf der Spitze eines hohen Baums, ruft nach der Dame seines Herzens und ist, solange er den Krach schlägt, blind und taub. Da muss man ihm entgegenlaufen, wie angewurzelt stehenbleiben, wenn er mit dem Rufen aufhört, in dem Moment weiterlaufen, wenn es wieder beginnt, bis man so nahe ist, dass man ihn tatsächlich sieht. Da das alles vor Tagesanbruch stattfindet, muss man ihm sehr nahe kommen, um auf ihn zielen zu können. Um diese Zeit ist man schon ziemlich außer Atem und Romeo hat eine sportliche Chance, dass ihr ihn verfehlt.

Tassilo Fürstenberg (1903–1987, Vater von Ira und Egon von Fürstenberg), der bestaussehende aller Prinzen, wird ein Arrangement für euch machen ... Wenn ihr einen gut aussehenden Mann mit gewelltem Haar seht, geht auf ihn zu und sprecht ihn darauf an. Gewöhnlich ist es Tassilo. Wenn er es nicht ist, könnt ihr euch bei dem Mann entschuldigen und dann an Tassilos Jagdbüro in Strobl (am Wolfgangsee), Österreich, schreiben. Österreich sollte als Adresse genügen.

Dann gibt es noch das Bergsteigen. Hunderte von Berggipfeln stehen geduldig da und warten darauf, dass ihr sie besteigt. Liebliche, sanfte, steile, verbotene Gipfel und solche, die kein Bergsteiger als Gipfel anerkennt. Letztere sind diejenigen, mit denen ihr euer Training beginnen könnt. Alle Technik, die ihr benötigt, ist (richtiges) *Atmen, ihr könnt am Anfang vergessen, dass ihr Beine habt; ihr werdet euch einfach nur auf das Ein- und Ausatmen der dünnen Gebirgsluft konzentrieren. Euer Gewicht wird in kleinen Bächen den Berg hinunterfließen. Wenn ihr nach ungefähr zwei Wochen fit seid, könnt ihr die Berge angehen, die zumindest nett und sanft aussehen. Es wird euch nicht anstrengend vorkommen, da der Führer die meiste Arbeit macht. Egal, wie wenig ihr euch bemüht, er wird euch – schleppend, schubsend und schimpfend – hinaufbringen. Macht die Sache nicht schlimmer, indem ihr, auf dem Gipfel angelangt, mit ihm Liebe macht. Er erwartet diese Art von Belohnung nicht, und wie wollt ihr herunterkommen, wenn ihn die Überanstrengung umbringt?*

Nach vielen Monaten harter Arbeit werdet ihr die steilen, verbotenen Gipfel erklimmen können. Versucht, aus eurem Leben noch allen Spaß herauszuholen, da ihr euch dem Ende eurer irdischen Tage nähert. Einer dieser Kamine, eine dieser überhängenden Felswände, einer dieser sturmverwehten Grate wird eines Tages entscheiden, dass ihr lang genug herumgeblödelt habt, und euch abwerfen, dorthin, wo die gewöhnlichen Menschen und das Vieh leben. Bis dahin, bin ich mir sicher, werdet ihr aus dem Leben und dem Bergsteigen so viel Spaß herausgeholt haben, dass euch das nichts ausmacht. Euer Führer wird ein, zwei Tränen von seinem vom Wetter gegerbten Gesicht wischen und traurig ein nettes Memento murmeln: ›Wärst net aufig'stieg'n – wärst net abig' fall'n.‹

Eine andere Sportart, die sogar noch anstrengender ist und wesentlich mehr Hirnarbeit und noch mehr Zeit erfordert, ist der berühmte Salzburger Zeitvertreib: die Jagd nach Festspielkarten. Es gibt bei diesem schönen Spiel besondere Feinheiten, die man sich durch Erfahrung aneignen muss. Am einfachsten ist es, Monate im Voraus ... die Karten mit beigelegtem Scheck im Festspielhaus zu bestellen. Aber das ist natürlich nicht sehr sportlich. Das ist, als würde man Löwen in der Nacht bei Scheinwerferlicht von einem Panzer aus schießen ... Für wirklich guten Sport wartet man, bis die Karten ausverkauft sind, was ungefähr Anfang August der Fall sein wird. Alle üblichen Quellen versiegen; man wird im Festspielhaus mit den Schultern zucken und euch sagen, dass es aussichtslos ist, irgendeinen Platz für euch aufzutreiben.

Das ist das Startzeichen für euch, mit der Jagd zu beginnen. In Österreich ist nie etwas unmöglich. Ihr habt euch entschlossen, eine Karte zu bekommen, und ihr werdet eine bekommen. Gott sei Dank gibt es Joseph, den Portier im Österreichischen Hof. Er könnte – oder auch nicht – Karten in seiner Jackentasche versteckt haben ... Wenn er welche hat, endet eure sportliche Betätigung hier und ihr müsst nur noch einen armseligen Lauf um euer Geld machen. Wenn er aber keine hat, muss man ab jetzt herumlaufen und die Leute belauschen. Hört ihnen im Café, in den Restaurants, in der Straßenbahn und auf der Straße beim Reden zu. Ihr könntet jemanden klagen hören, dass er die Meistersinger *nicht sehen kann, da seine Schwiegermutter plötzlich Mumps bekommen hat. Stürzt euch auf ihn! Ringt mit ihm um die Karten!*

Wenn ihr sie auf diese Art bekommt, ist das Glück, pures Glück. Der echte Kartenjäger vertraut allerdings nicht dem Glück allein; er kommt am Tag seiner Ankunft zur Sache. Zuallererst besteht er darauf, Herrn Kommer (Rudolf Kommer, 1886–1943, Impresario und Assistent Max Reinhardts) *und Baron Puthon* (s. S. 90), *die zwei wichtigsten Männer Salzburgs, kennenzulernen. Wenn sie wollen, können sie alles für euch machen. Es kommen aber jedes Jahr ca. zweihunderttausend Besucher nach Salzburg, von denen alle versuchen, Karten zu ergattern, und der Monat August hat nur einunddreißig Tage.*

Der Jäger versucht dann, bei Reinhardt, bei Helene Thimig, bei Toscanini oder bei Bruno Walter eingeführt zu werden. Gelingt das, muss man aus dem einen oder anderen Grund feststellen, dass sie keine Hilfe sind und dass sogar Frau Toscanini auf der Suche nach einem Balkonsitz für die nächsten Meistersinger *ist ...*

(Wenn) *sich der Tag der Vorstellung nähert, dürft ihr in Panik geraten, durch die Straßen von Salzburg laufen und jeden, den ihr trefft, ansprechen und um eine Karte fragen. Eure letzte große Chance bietet sich am Tag der Vorstellung um 7 Uhr abends. Um diese Zeit geben die Leute mit dem Schwiegermutter-Mumps-Fall die Karten im Festspielhaus zurück. Ihr werdet dort auf Dutzende Kartenjäger stoßen, die wie ihr das Kartenbüro des Festspielhauses belagern. Ihr braucht dann jede Menge guter Technik, um im letzten verzweifelten Endspurt einer der Gewinner zu sein. In neun von zehn Fällen scheitert ihr und ihr werdet all die anderen sehen, die mit weißen Krawatten* (Dresscode für feierlichen Abendanzug einschließlich Frack), *rückenfreien (Abend-)Kleidern usw. beim Festspielhaus vorfahren. Aber einmal werdet ihr Erfolg und die Genugtuung haben, nicht nur gute Musik zu hören, sondern auch bewiesen zu haben, dass ihr außerordentlich sportlich seid ...*

Eine weitere Sportart, besonders bei Damen, aber auch unter Männern populär, ist die Jagd nach österreichischen Aristokraten. Für dieses noble Spiel hat man im Salzkammergut reichliche Auswahl ... ihr Habitat sind die Seen des Salzkammerguts, wo sie während des Tages schwimmen, und die Bars in der Nähe, wo sie nachts tanzen. Es gibt sie noch immer reichlich (die Aristokraten) *und sie sind weit davon entfernt auszusterben. Ihr scheues Wesen macht es aber schwierig, sich ihnen zu nähern, das setzt gute Sportlichkeit voraus ...*

Einheimisch zu werden, ist eine andere Art ganz unterhaltsamen Sports, der zuletzt sehr populär wurde. Diesen Sport kann man am besten in einem der kleinen Dörfer rund um Salzburg ausüben ... Man braucht dazu Landluft, ländliche Atmosphäre und das Gefühl, am Ende der Welt zu sein. Um das Spiel zu beginnen, solltet ihr euch an Orten wie Traunkirchen, Mondsee, Grundlsee oder in irgendeinem dieser Dörfer niederlassen, die abseits der Trampelpfade liegen. Als Nächstes geht man bei Einbruch der Dunkelheit in das dortige Wirtshaus und wartet, bis die Einheimischen kommen. Sie werden anfangs ein wenig scheu sein, aber wenn ihr ihnen die ersten fünf, sechs Runden Bier gezahlt habt, tauen sie auf, der eine oder andere wird höchstwahrscheinlich eine Gitarre oder eine Zither hervorholen und sie werden Gstanzln für euch singen, die sie mit lautem Gelächter begleiten. Wenn ihr gut seid, werdet ihr mitsingen und vorgeben, alles zu verstehen. Wenn ihr dann noch weitere Runden Bier bezahlt, werden sie euch für einen besonders netten Gefährten halten, euch auf die Schulter schlagen und euch anbrüllen, damit ihr versteht, was sie euch sagen wollen. Wenn sie euch ein-, zweimal auf die Schultern geschlagen haben, könnt ihr es für den ersten Tag genug sein lassen, nach Hause gehen und ein wenig schlafen. Am nächsten Tag werdet ihr bei eurer Ankunft feststellen, dass schon ungefähr doppelt so viele Bewohner im Wirtshaus auf euch warten. Im Lauf der Tage werdet ihr euch mit ihnen immer besser anfreunden, ihr werdet einige ihrer Kraftausdrücke lernen, ihr werdet Experte für derbe Tänze und Spiele werden und mit der Zeit sogar einiges verstehen, was sie sagen. Nach und nach werdet ihr sie – oder vielleicht ist es dann ein ›er‹ – in eurem Wagen mitnehmen und ihr werdet zum Dank auf die Berggipfel geführt werden, wo sie oder er für euch die Sterne vom Himmel herunterjodeln. Danach geht das Spiel von allein weiter. Alles, was ihr tun müsst, ist darauf zu achten, dass die Angelegenheit reibungslos weiterläuft und dass genug Bier da ist, in welchem Fall ihr einigen Spaß an dieser Art Sport haben könnt.« (125 ff.)

Geld verlieren und Freude daran haben

> »... *ich war gestern im Mirabell-Casino und habe hundert Schilling verloren ... Wenn die zwei jungen Leute neben mir nicht dauernd gewonnen hätten, wäre ich auf sie nicht weiter aufmerksam geworden.*«
> (Erich Kästner, Der kleine Grenzverkehr)

Hier geht es um die nächtliche Freizeitbeschäftigung – im Casino –, der man entweder nach den Aufführungen oder an Abenden, an denen man keine Vorstellung besucht, nachgehen konnte. Neben Schloss Mirabell befand sich früher in dem Gebäude, in dem heute das Marionettentheater untergebracht ist, das Hotel Mirabell. 1934, also zwei Jahre bevor *This Salzburg!* geschrieben wurde, wurde es in ein Casino umgewandelt. Seitdem »*gibt es keinen Grund mehr, dass euch in Salzburg das Geld knapp wird. Ihr geht einfach hinein, setzt euer Hemd auf Rouge oder Noir und wartet, was passiert. Ihr könnt mit einem kurzen Besuch in diesem gemeinnützigen Institut euren gesamten Salzburgaufenthalt bezahlen.*

Das Mirabell gleicht keinem anderen Casino auf dieser Welt ... (Ein) *leichter Geist von ›Glück gehabt‹ schwebt über den Tischen, die in diesem entzückenden alten, in Rot und Gold dekorierten Gebäude stehen. Kein einziger Besucher musste bis jetzt vom Mönchsberg springen und man sieht auch keine nervösen älteren Gentlemen, die an den Diamant-(Steck-)Knöpfen ihrer Hemden fingern* (die man abnehmen und versetzen konnte), *oder Damen mittleren Alters, die ihre Perlenketten auf die Tische werfen ...*

Die Crème de la Crème der Welt bevölkert Nacht für Nacht die Räumlichkeiten. Man trifft hier Lords, amerikanische Millionäre, echte Erzherzoge und eine Menge gewöhnlicher Menschen, die auch kein Geld haben. Die im oberen Stock liegenden Räume für Mitglieder atmen den ruhigen, lächelnden Charme des Salzburger Rokoko und sind der Rückzugsort für alle, die das Glücksspiel ernst nehmen.

Ich bin sicher, dass ihr alles über Roulette und Baccarat wisst, aber für den Fall, dass nicht, würde ich euch gern ein paar brauchbare Tipps geben. Ich kenne ein unfehlbares System. Ich weiß eine ganze Menge über Systeme, die sich aber alle als falsch herausgestellt haben, wahrscheinlich weil ich nicht reich genug war, um mit ihnen weiterzumachen. Ich werde den unfehlbaren Tipp doch nicht weitergeben, sondern vorher noch ausprobieren.

Mademoiselle Roulette ... ist eine hartnäckige Maschine, unlogisch wie alle Frauen und diesem Geschlecht sehr ähnlich, da sie immer recht hat. Wie viele Frauen wird sie euch eine große Chance geben ... aber wenn ihr sie einmal verpasst habt, wird sie es euch wahrscheinlich kein zweites Mal versuchen lassen. Sie scheint euch zu lieben, wenn ihr euch ihr gegenüber vernunftwidrig benehmt, und euch zu hassen, wenn ihr versucht, mit ihr logisch zu sein. Sie kann zehn Mal Rouge kommen lassen, und wenn ihr all euer Geld auf Noir gesetzt habt, wird sie auch das elfte, zwölfte und dreizehnte Mal bei Rouge stoppen. Erst wenn euer letzter Schilling verspielt ist, wenn ihr euch am Kopf kratzt und überlegt, womit ihr eure Hotelrechnung bezahlen sollt, erst dann wird sie ein Noir nach dem anderen hervorbringen. Sie ist einfach wie eine Frau. Wenn ihr sie nett behandelt, wenn ihr ihr bedingungslos glaubt, wenn ihr bereit seid, ihr überallhin zu folgen ... wird sie euch reichlich beschenken. Wenn ihr versucht, mit ihr vernünftig zu sein oder gegen sie vorzugehen, wird sie euch ruinieren.

Es gibt die Geschichte eines jungen Engländers, der vor einem Jahr nach Salzburg kam, mit ein paar Whiskys intus ins Casino ging und hundert Schilling auf Rouge setzte. Mademoiselle Roulette hatte sich noch nicht entschieden, ob sie ihn mochte oder nicht, und stoppte bei ›Zero‹, womit sein Geld gesperrt war. Der Mann, der dachte, dass er es verloren hatte ... ging in die Mirabell-Bar hinüber, um seinen Kummer im klaren Getränk von Old England zu ertränken. In der Zwischenzeit hatte Mademoiselle Roulette beschlossen, dass sie ihn mochte, und brachte eine lange Serie Rouge hervor. Ein kleines Vermögen sammelte sich auf dem Tisch an, während der junge Mann in seiner Tasche nach ein paar Schillingen kramte, um seine Whiskys zu bezahlen. Als am Roulette-Tisch die Höchstsumme erreicht war, zog der Croupier pflichtgemäß das Geld ein und begab sich auf die Suche nach dem Besitzer. Er war bald gefunden und Mademoiselle Roulette hatte den jungen Mann zurückgewonnen, den zu lieben sie sich entschieden hatte. Ich weiß nicht, wie diese Geschichte endete; da ich ein moderner Mensch bin und ein Happy End liebe, bin ich sicher, dass die beiden noch immer ineinander verliebt sind und für immer glücklich zusammenleben ...

Wer eine Frau gewinnen möchte, für den ist es die sicherste Methode vorzugeben, nicht an ihr interessiert zu sein. Zeigt ihr, dass sie nicht der einzige Schlüssel zur Glückseligkeit ist, und sie wird euch mit unsagbaren Segnungen überschütten, wenn sie euch mag. Wenn ihr sicher seid, dass sie euch nicht mag, dann fangt nicht an, mit ihr herumzuspielen. Bei Mademoiselle Roulette kann man sich niemals einer Sache sicher sein. Manchmal mag sie die Spieler betrunken, manchmal nüchtern, manchmal dick und manchmal dünn, sie verliebt sich in Männer und in Frauen, hasst heute, was sie gestern liebte, und ist bereit, morgen etwas zu lieben, das sie heute hasst. So ist also das Einzige, was man machen kann, es immer und immer wieder zu versuchen, bis sie sich endlich in euch verliebt und euch in einer Nacht die große Chance gibt. Das ist der Moment, das Hemd auszuziehen und es auf Rouge oder Noir zu setzen. Möglicherweise müsst ihr ohne Hemd nach Hause gehen …

Am Mirabell-Casino gibt eine gute Sache: Es hält einen viel länger in Salzburg, als man zu bleiben vorhatte. Man macht so lange weiter, bis man die Hotelrechnung nicht bezahlen kann, also muss man auf Geld von zu Hause warten. Das Hotel, dessen könnt ihr euch sicher sein, wird euch in der Zwischenzeit aushelfen. Wenn euer Geld einlangt, ist die Chance groß, dass ihr auf mehr warten müsst. Also bleibt ihr in Salzburg und helft die Fremdenverkehrsstatistik zu steigern.

Eines der nettesten Dinge am Casino ist, dass eine Bar angeschlossen ist, die man immer aufsuchen kann, wenn man von seiner Pechsträhne genug hat … Es gibt dort auch einen Garten, in dem man in schönen Nächten gut essen, Zigeunermusik hören und vorgeben kann, sehr temperamentvoll zu sein, während sich die Spieler danach sehnen, schlafen zu gehen.« (138 ff.)

Die Umgebung von Salzburg

»*Die Ungeduld zwischen einer Darbietung und
der kommenden wurde durch Ausflüge ins Gebirge totgeschlagen,
auf Stunden oder auf zwei, drei Tage sogar, jeder See besichtigt,
das Salzkammergut durchstreift ...*«
(**Annette Kolb**, Festspieltage in Salzburg)

Auch dieser Abschnitt ist dem Zeitvertreib für theaterlose Stunden oder Tage gewidmet. Wer sich länger in Salzburg aufhielt, konnte zwischendurch auch die ländliche Umgebung erkunden. »*Man kann nicht einen ganzen Monat zwischen Hotel, Café Bazar und dem Festspielhaus verbringen. Um sich zu erholen, muss man manchmal an den Busen von Mutter Natur zurückkehren. Man fährt enge, kurvenreiche Bergstraßen abseits der ausgetretenen Trampelpfade hinauf zu Berggipfeln, durch dunkle, kühle Wälder, taucht in die klaren blauen Gewässer der Hunderten Seen ein, man muss alle Freunde besuchen, die Häuser in der Nähe haben, muss auf Wiesen Picknicks machen, wo die Kühe grimmig aufschauen, während ihr eure Milch aus Flaschen trinkt und eure Brote mit goldener Butter bestreicht.*

Ihr müsst auf den Gaisberg fahren. Vorzugsweise nach einer langen Nacht, um dort zu frühstücken und über den schneebedeckten Bergspitzen die Sonne aufgehen zu sehen ... (Sie wird) *euch anlächeln, auch wenn euer zerknittertes Hemd voll Rouge ist, auch wenn ihr blass und abgekämpft aussieht und auch wenn die Freuden- oder Verzweiflungstränen des frühen Abends alle Farbe von den Wimpern gewaschen haben. Sie wird auf euch und auf die Welt, die sich euch zu Füßen ausbreitet, heruntelächeln, während der dampfende Gaisberg-Kaffee wieder Farbe auf eure Wangen bringt. Viele Paare sind vom Gaisberg direkt in die Kirche gegangen* (um zu heiraten). *Wer das Gesicht der/des Geliebten nach einer langen Nacht um 5 Uhr an einem sonnigen Morgen erträgt, kann auch gleich heiraten.*

Euer Salzburg-Aufenthalt ist nicht vollständig, solange ihr in Hellbrunn nicht Forelle gegessen habt und euch nicht von dem wunderbaren Führer mit der Schirmmütze habt herumführen lassen. Ich wünschte, ihr würdet Deutsch besser verstehen, denn dieser Mann ist reif für die Bühne. Die Art, wie er euch durch den Garten führt (›hier der Fürstentisch, auch mensa *genannt – dort die Orpheusgrotte – ohne Wasserspiele‹), und sein Hut, sein Schnurrbart, seine Aussprache und seine gesamte Art sind so herrlich altösterreichisch, dass Hellbrunn seinetwegen einen Besuch wert ist …*

Kleßheim, auf der anderen Seite von Salzburg, ist ein entzückendes Schloss, das ebenfalls von Fischer von Erlach erbaut wurde, und wenn ihr reich genug seid, werdet ihr es wahrscheinlich kaufen. Ich vermute, dass Dr. Rehrl (Dr. Franz Rehrl, Landeshauptmann und Mitglied eines Komitees, das sich seit den 1920er-Jahren um den Verkauf des Schlosses bemühte) *es euch gern überlässt, wenn ihr lang genug mit ihm sprecht und einen passend großen Scheck übergebt … (Das Schloss) hat einen wunderbaren Park, in dem man einen privaten 18-Loch-Golfplatz anlegen könnte* (einen öffentlichen gibt es dort seit vielen Jahren), *und das Haus könnte hübsch eingerichtet werden. Ihr solltet auf jeden Fall hinfahren und es ansehen, da sie im August einen Concours d'Élégance* (Treffen von Besitzern historischer Automobile) *und nette Tee-Partys haben.*

Schloss Leopoldskron gehört, wie schon früher erwähnt, Max Reinhardt und ist nicht öffentlich zugänglich (heute ist ein Hotel darin untergebracht). *Wenn ihr die Möglichkeit habt, es zu besichtigen, versäumt sie nicht ... Die Persönlichkeit des Besitzers spiegelt sich in jedem Raum des Schlosses wider, das in der Epoche des Rokoko erbaut wurde. Und auch wenn man es sich nicht vorstellen kann, passen die beiden* (Max Reinhardt und das Schloss) *perfekt zueinander.«* 1938 wurde Schloss Leopoldskron enteignet und Goebbels verwendete es im Namen der nationalsozialistischen Regierung als repräsentativen Sitz. Seine Leute fügten der Schlossgeschichte einen ungewollt komischen Absatz hinzu. »*Ein schwacher Trost war, daß Goebbels Reinhardts Geschmack durchaus zu schätzen wusste und alles so ließ, wie er es vorfand ... Die einzige Änderung, die sich die neuen Herren nach ihrem Einzug nicht verkneifen konnten, war: sie ›reinigten‹ die schön* (mit Flechten) *bewachsenen Steinfiguren im Schlosspark ... Diese Schlamperei konnten die Deutschen nicht durchgehen lassen ...*« (Helene Thimig, 302f.)

In Leopoldskron gibt es einen Teich »*mit einem öffentlichen Freibad, in den ihr untertauchen könnt, wenn ihr ein wenig Abkühlung braucht. Ich fürchte, dass ihr euch danach gründlich waschen müsst, da das Wasser nicht allzu sauber ist. Für sauberes Wasser müsst ihr ins Franz-Josef-Bad fahren oder an die Seen im Umland. Die nächsten sind der Mattsee und der Fuschlsee. Letzterer hat das grünste Wasser, das ich je gesehen habe, so kalt und erfrischend. Ihr könnt für einen Badeausflug auch nach St. Jakob* (am Thurn) *fahren. Dort gibt es ein nettes altes Schloss und eine überaus freundliche Gräfin, die das ganze Jahr über P.G.s* (Paying Guests) *aufnimmt. Herrliche Sonnenuntergänge, die Stille eines Herrensitzes auf dem Land, das nette alte Gebäude, die Liebenswürdigkeit der*

Besitzerin, die Nähe zu Salzburg und der kleine See haben St. Jakob unter den P. G.s sehr populär gemacht.

Auch den Wolfgangsee muss man besuchen, bevor man das Land verlässt, wenn auch nur, um Postkarten vom originalen Weißen Rössl zu verschicken. Dort gibt es aber auch viele andere Belustigungen. Man kann segeln, schwimmen, fischen und in St. Gilgen das Gesellschaftsleben mit einer Menge Berühmtheiten genießen. Wer es ganz richtig machen möchte, mietet dort ein Haus, aber ich warne euch: Ihr werdet keines bekommen, solange ihr nicht nachweisen könnt, dass ihr ein Millionär seid …

Ein Stück weiter weg liegt Ischl. Dort könnt ihr euch bei Zauner von herrlichen Kuchen und Torten ernähren und darüber grübeln, wie der echte österreichische Einheimische aussieht. Ich helfe euch: nicht wie irgendjemand, den ihr dort seht …

Den Mondsee und den Attersee könnt ihr ebenfalls in eure Tour aufnehmen. Vor allem Letzterer ist überfüllt mit Menschen, die dort Häuser und häufig Gäste haben, und die dafür sorgen, dass über sie gesprochen wird. Es ist eine fröhliche Nachbarschaft und ihr werdet die Tage an diesen Seeufern genießen. Gmunden am Traunsee liegt ein wenig weiter entfernt, ist aber von Salzburg aus noch leicht zu erreichen.

Wenn man von Salzburg in Richtung Westen fährt, kommt man nach Deutschland, und das auch sehr schnell. Berchtesgaden liegt nur wenige Kilometer entfernt – es ist der Ort, an dem der Führer seine Ferien verbringt –, eine Stadt wie aus einem Werbeplakat und in die richtige Landschaft gesetzt. Wenn man auf der gut ausgebauten Straße weiterfährt, kommt man in kurzer Zeit wieder nach Österreich. Da liegt Zell am See … und gleich ums Eck das Schloss von Mittersill. Darin befindet sich der Internationale Sports and Shooting

Club, *die eleganteste Institution im Umkreis von Hunderten von Kilometern. Er wird von einem Prinzen, einem Grafen und einem Baron* (Hubert von Pantz) *geführt und ist DER Inbegriff von Luxus ...*

Die berühmte Großglocknerstraße zweigt hier ab und führt euch in herrlich leichten Kurven bis auf beinahe 2500 Meter (die Straße war erst ein Jahr zuvor der Öffentlichkeit übergeben worden). *Die Alpen fallen hier bis weit vor euch hinunter, und wenn man sich irgendwo wie auf dem Gipfel der Welt fühlt, dann ist es hier ... Die Straße zurück nach Salzburg führt durch eine schöne Berglandschaft, vorbei an zauberhaften Schlössern und über einige Pässe auf 1300 Meter Seehöhe und höher.*

Ich kann euch hier nur einen kleinen Überblick über die Orte geben, die es wert sind, ›abgearbeitet‹ zu werden, und da ihr wahrscheinlich die meiste Zeit damit verbringen werdet, die Landschaft zu erkunden, denke ich, dass ich euch nicht sehr viel darüber erzählen muss; das Wichtigste werdet ihr selbst entdecken oder vielleicht findet ihr jemanden, der euch durch die Gegend führt. Alle Österreicher sind geborene Fremdenführer. Sie lieben euch, wenn ihr ihr Land liebt, und sie genießen die Idee, dass sie euch glücklich machen, wenn sie euch zeigen, wie sehr sie es lieben.« (143 ff.)

Salzburger Persönlichkeiten

>*»Alle Großen (Dirigenten, Regisseure)*
>*sind mit ihren besten Künstlern hier ...*
>*Die Mächtigen der Welt und die großen Namen,*
>*alles, was Macht, Geist und Liebe repräsentiert ...«*
>(GUY MOLLAT DU JOURDIN, SALZBOURG. CITÉ ARDENTE)

»In Salzburg wimmelt es von Persönlichkeiten. Tatsächlich ist jeder dort eine Persönlichkeit, entweder weil er wirklich eine ist, weil er denkt, dass er eine ist, oder weil er wie eine aussieht. Sie alle haben eines gemeinsam: Sie schwärmen herum. Diejenigen, mit denen man nicht ständig zusammenstößt, sind die wichtigeren, da sie das eine oder andere für die Festspiele machen. Da die Straßen und Cafés in Salzburg aber nicht völlig leer von wichtigen Persönlichkeiten sein können, gibt es zahlreiche Zweitbesetzungen, die herumgehen, herumstehen und herumsitzen und für echte Persönlichkeiten gehalten werden könnten. Sie sind gut genug, dem Salzburger Straßenleben das Flair von Künstlertum zu geben und auf intellektuelle Art sehr, sehr bedeutend zu sein.

Die Persönlichkeit der Stadt ist natürlich Max Reinhardt. Man sieht nicht viel von ihm, da er wirklich beschäftigt ist und sich an dem wunderbaren Ort Leopoldskron versteckt, wo er kaum je jemanden trifft außer dem kleinen Zirkel echter Intimfreunde, die mit ihm nächtelang zusammensitzen, Ideen wälzen und wirklich anregend sind. Ich bin sicher, dass ich euch Reinhardt nicht vorstellen muss. Natürlich wisst ihr, wer er ist; wer tut das nicht? Ein wunderbarer Mann mit gewell-

tem Haar, strahlenden Augen, scharfsinnig, mit einer Nase derselben Qualität und einer großen Menge Gespür. Er ist, wie ihr wisst, der Erfinder (wohl eher der Initiator) der Salzburger Festspiele und der Mann, der sich immer Neues ausdenkt. Er hat in diesen Tagen nicht viel Zeit für Salzburg, da Hollywood nach ihm ruft und er eifrig damit beschäftigt ist, intellektuelle und künstlerische Atmosphäre an die ungewöhnlichsten Stellen des Globus zu bringen ...

Auch Märchenprinzen (Max Reinhardt als Schlossbesitzer) müssen, wenn sie in unserer Zeit leben, mit der harten Wirklichkeit in Kontakt kommen. Auch Märchenprinzen brauchen manchmal Geld. Hartes Geld, das man am besten in Amerika bekommt, wo die Menschen mehr über Aktien wissen als darüber, wie man in Märchen lebt.

Also nahm der Fürst der Schönheit mit Wall Street Kontakt auf und Wall Street kam zu einem Besuch nach Leopoldskron. Wall Street war ein Gentleman, der Brillen trug, große mit Horn-Rahmen, der jede Menge Whisky vertrug, der beleibt und kurzatmig war, aber niemals knapp mit der liebenswertesten Eigenschaft – mit Geld.

Leopoldskron entfaltete seine ganze Pracht, um Wall Street zu empfangen. Hunderte Kerzen flackerten, Schatten tanzten an der Wand und alle Grafen, Lords und Ladies, derer man habhaft werden konnte, waren mit dem Gastgeber versammelt, um Wall Street zu empfangen. In Rot und Gold livrierte Diener standen entlang der Marmortreppe und hielten riesige Leuchter, von denen es heruntertropfte. Geräuschlos tauchte der große Lincoln (eine Staatskarosse) auf. Wall Street kletterte die Stiegen hinauf, atmete schwer und sah sich verwundert um. Er gab dem Gastgeber die Hand, verbeugte sich vor der Gastgeberin und sagte mit seinem ersten Atemzug: ›Was ist passiert? Hatten Sie einen Kurzschluss?‹ ...

Max Reinhardt während einer Probe zu Faust in der Felsenreitschule, 1936.

Wenn man über Reinhardt spricht, muss man auch Herrn Kommer a. Cz. (seinen Assistenten, der seinem Namen a. Cz. = aus Czernowitz hinzufügte) *erwähnen. Er ist hier genauso bedeutend wie in New York. Sogar ein bisschen mehr. Man kann ihn jeden Morgen im Café Bazar treffen; er ist leicht zu erkennen, da er immer in Eile ist, einen blauen Leinenmantel trägt und der einzige Mann hier ist, der weniger bedeutend aussieht, als er wirklich ist ...*

Ein kleiner Mann, immer in Schwarz, ist der große Toscanini. Niemand hat ihn je in Tracht gesehen und ich muss sagen, dass er damit den Gesamteindruck des Salzburger Straßenlebens in Fantasie-Kleidung verdirbt. Es täte gut, ihn in Lederhose und mit Gamsbart zu sehen. Statt ›Grüß Gott‹ wären auf seinen Hosenträgern Noten gestickt, damit jeder ihn wirklich erkennt. Aber ich bin nicht sicher, wie es um seine Autorität gegenüber den Philharmonikern bestellt wäre. Sie haben alle Angst vor ihm, von Professor Rosé (Arnold Rosé, 1863–1946, Violinist und Professor am Wiener Konservatorium) *abwärts bis zu dem Mann, der mit einem kleinen Stück Messing Lärm macht* (mit dem kleinen »Stück« – eher aus Stahl – ist sicher ein Triangel gemeint). *Niemals haben die Philharmoniker so viel gearbeitet, wie seitdem der Maestro sie übernommen hat. Sie hassen ihn und sie vergöttern ihn. Er versteht etwas von Musik, kaum jemand sieht ihn je in die Partitur schauen, die er momentan nur verwendet, um sie herumzuschleudern. Er hat alles im Kopf, wie die Geschichte des unglücklichen Flötisten beweist, der zur Probe kam und den G-Schlüssel seines Instruments verloren hatte. Er zitterte vor Angst, während er das dem Maestro sagte, und er hörte mit dem Zittern nicht auf, als der große Musiker in Gedanken versank. Nach ein paar Minuten kam Toscanini zurück auf die Erde und sagte: ›Warum sagen Sie mir das? Ihre gesamte Partitur enthält kein einziges G.‹ Kein Wunder, dass seine Musiker ihn lieben. Ein anderer Mann, der den Maestro liebt, ist der Verkäufer von Dirigentenstäben, dessen Geschäft einen Zuwachs von hundert Prozent zu verzeichnen hat, seit Toscanini hier ankam* (es heißt, dass Toscanini viele im Zorn zerbrach, allerdings dirigierte er auch häufig ohne).

Ihr werdet von den bedeutenden Persönlichkeiten nur wenige zu Gesicht bekommen. Sie besitzen wunderschöne Landhäuser in der Umgebung und setzen kaum je einen Fuß in die Stadt, außer wenn sie zu Proben oder zu Abendvorstellungen kommen. Lotte Lehmann, Elisabeth Schumann (1888–1952, deutsche Sängerin), (Attila) *Hörbiger, Paula Wessely gehören alle dazu. Dennoch genügen die Persönlichkeiten, mit denen man zusammentreffen könnte, für eine lange Zeit …«*

Zu den wenigen Prominenten, denen man auf der Straße begegnen konnte, gehörte der amerikanische Tenor Charles Kullman (1903–1983), ein »*gut aussehender Mann, der ständig von hübschen Amerikanerinnen verfolgt wird ... Toscanini hält viel von ihm und auch einige andere, die ihn singen gehört haben.*

Bruno Walters dynamische Persönlichkeit ist schon aus einer Entfernung von zwei-, dreihundert Metern zu erkennen. Ihr seid nicht die einzige Frau, der kalte Schauer den Rücken hinunterlaufen, wenn ihr ihn seht. Es nützt nichts, ihm zu folgen, da er euch, wenn er euch überhaupt bemerkt, für diese nette Frau ... hält, die ständig versucht, ihn zu einer ihrer Dinner-Partys einzuladen.

Der Tag ist nicht weit entfernt, an dem sich Richard Strauss wieder herablassen wird, eine Salzburger Persönlichkeit zu werden. Er hat vor nicht allzu langer Zeit damit aufgehört, da er draufkam, dass er Wagner lieber mag als Mozart und Salzburger Gagen es nicht wirklich wert sind. Er ist nicht der Mann, der den berühmten Donauwalzer schrieb, er komponiert gelegentlich aber auch ...

Sogar Clemens Kraus, der Spanier (diese Anspielung ist nicht ganz verständlich, da er Wiener war) *wird eines Tages wieder auftauchen und die Straßen von Salzburg beehren, obwohl er nie weiter kommt als bis zum Dirigentenpult im Festspielhaus. Wenn ihr den Look von Spaniern liebt* (das bezieht sich vermutlich auf seine »spanische« Frisur und auf den Sombrero, den er gern trug), *werdet ihr ihn sicher mögen.*

Die Hofmannsthals, sie eine Astor und er der Sohn des berühmten Schriftstellers, von dem er zumindest ein wenig künstlerisches Temperament geerbt hat, halten beinahe jedes Jahr in Salzburg Einzug, von Kammer kommend, wo sie ein wahrhaftes Märchenleben führen. Fahrt hinaus und esst mit ihnen. Sie nehmen das Abendessen gewöhnlich auf einem Floß in der Mitte des Sees unter dem Sternenhimmel ein, was der Forelle einen romantischen Beigeschmack verleiht, sogar während man das rosige Fleisch von den Gräten herunterschabt. Der einfachste Weg, sie kennenzulernen, ist, regelmäßig ein, zwei Stunden im Salzkammergut herumzufahren. Wenn ihr nicht ganz großes Pech habt, stoßt ihr sicher mit ihnen zusammen. Und kein Zweifel: Sie werden die Überlebenden zum Abendessen einladen ...

Mrs Wallmann (Margarethe Wallmann, 1904–1992, Tänzerin und Choreografin), *die Ballettmutter und große Tänzerin, sieht noch immer wie eine Witwe aus, obwohl sie erst vor Kurzem wieder geheiratet hat. Andererseits wird Frau Kainz, die Witwe eines der größten Schauspieler Österreichs* (Josef Kainz, 1858–1910), *jeden Tag jünger, den sie an ihrem Tisch in der Ecke des Café Bazar verbringt ...*

Wenn ihr auf einen Mann stoßt, der nicht darauf achtet, wohin er geht, könntet ihr beinahe sicher sein, dass es Bernhard Paumgartner (s. Literatur) *ist, der Direktor des Mozarteums. Der Himmel ist sein Hobby und er studiert ihn aufmerksam, wo immer er geht, sogar während er die Salzburg Serenaden* (im Hof der Residenz) *dirigiert.*

Nicht jeder mit Zigarre im Mund ist Stefan Zweig, aber wenn jemand keine Zigarre hat, so könnt ihr sicher sein, dass er es nicht ist. Wenn man ihn anschaut, würde man gern wissen, ob er all die Dinge, die er zweifelsfrei über Sex weiß, aus Erfahrung kennt oder nur vom Hörensagen.

Ich kann euch nicht alle prominenten Besucher näher vorstellen, ihre Namen sind Legion. Am besten beschafft ihr euch einen Gotha (Gothaischer Hofkalender für Fürsten und Aristokraten), *einen Debrett* (englisches Adelsregister) *und ein Who's Who. Ihr werdet sie alle drin finden, die Portarlingtons* (irische Hocharistokraten), *die Münsters (Aristokraten aus Westfalen), die Vanderbilts* (amerikanische Großunternehmer), *die Fürstenbergs* (schwäbische Fürstenfamilie) *wie die Melchetts* (englische Aristokraten), *die Haigs* (ein schottischer Lowland-Clan) *und sogar die Gecmen* (böhmische Adelige). *Ihr werdet ständig auf Leute stoßen, die auf die eine oder andere Art berühmt sind – entweder für ihre Schönheit, für ihre Bankkonten, für ihren Intellekt, für ihren Namen oder für das, was sie machen ...«* (151ff.)

Was man in Salzburg nicht machen soll

»*Es gibt ja heute genug Leute, die im Sommer nicht mehr nach Salzburg kommen, weil es, wie sie sagen, das Stelldichein zu vieler Snobs geworden ist. Heisst das nicht, mit Snobismus dem Snobismus auftrumpfen …?*«
(**Annette Kolb**, Festspieltage in Salzburg)

»*Bittet nicht jeden dicken Mann, den ihr trefft, um ein Autogramm; nicht jeder dicke Mann ist ein Tenor.*

Tragt keine lila Krawatte, wenn ihr es nicht wirklich meint (die Farbe Lila/Violett war damals Kreativen und Künstlern vorbehalten).

Gebt euren Tisch im Café Bazar nicht auf, bevor ihr ihn nicht verkauft habt.

Schimpft nicht über den Regen. Denkt daran, dass Tiefdruck meist von den Britischen Inseln kommt.

Vergesst nach der Ankunft nicht, als Erstes Herrn Kommer (wichtigster Mitarbeiter Max Reinhardts) zu treffen.

Ruft bei Reinhardt nie zwischen 9 Uhr morgens und Mittag an, das ist die einzige Zeit, in der er schläft.

Wenn ihr weiblich seid, tragt keine Lederhosen; sie buchten sich an den falschen Stellen aus.

Vergesst nicht, bei Lanz hineinzuschauen, auch wenn ihr nichts kauft; geht einfach nur zum Spaß hinein.

Gebt nicht vor, alle österreichischen Aristokraten zu kennen. Wenn ihr ein oder zwei kennt, lasst es genug sein; die anderen sind genauso.

Haltet nicht jede Ziege, die ihr seht, für eine Gämse (das ist eine Anspielung auf den Begriff Bergziege für Gämse; sie gehört zu den Ziegenartigen).

Gebt Toscanini nicht jedes Mal die Hand, wenn ihr ihn trefft. Er ist nicht der Präsident der Vereinigten Staaten.

Kommt nicht ohne Wagen nach Salzburg. Er würde euch fehlen und ihr könnt sicher sein: euren Freunden auch.

Vergesst nicht, euren Regenschirm mitzunehmen, er ist das Einzige, was ihr wirklich braucht.

Fragt nicht nach der morgigen New-York-Herold-Ausgabe. *Sogar diese Zeitschrift braucht zwei Tage, bis sie hier ankommt.*

Glaubt nicht, dass euch die Leute für Einheimische halten, auch wenn ihr ›Tiroler‹ Tracht tragt ...

Sagt nicht, dass ihr auch nur ein Wort von Faust *versteht, sagt nur, dass euch die Produktion gefällt.*

Versucht nicht, bei Mozart eingeführt zu werden, der arme Mann ist tot.

Fragt nicht, was a) Tafelspitz; b) Backhendl; c) Salzburger Nockerln sind. a) war ein Ochs; b) war ein Huhn; c) war ein Ei.

Versäumt nicht die Gelegenheit, eine Schuhplattler-Vorführung zu besuchen. Versucht aber nicht, ihn zu tanzen, ihr werdet es niemals schaffen, zur richtigen Zeit auf die richtige Stelle (eures Körpers) *zu schlagen. Seid zufrieden, wenn ihr im ersten Jahr eures Salzburg-Aufenthalts so weit kommt, ›mit'n Kopf z'am, mit'n Oasch z'am‹* (einen Buckeltanz aus Aussee) *zu tanzen. Ihr werdet diese Art zu flirten lieben.*

Verwendet keine Schrotflinte, wenn ihr zur Gämsenjagd geht, die Leute werden es nicht als sportlich erachten.

Bittet Stefan Zweig nicht, die Zigarre aus dem Mund zu nehmen, oder Clemens Kraus, seinen Hut abzunehmen. Sie können es nicht. Es sind Teile ihrer Persönlichkeiten.

Tragt keinen zu großen Hut, die Menschen könnten denken, dass ihr Cecil Beaton seid (ein exzentrischer Universalkünstler aus England, der ebenso exzentrisch gekleidet war).

Grummelt nicht über den österreichischen Schlendrian. Er ist Teil unseres Charmes. Habt ihr jemals tüchtige Menschen charmant gefunden?« (161 ff.)

Ein kleines Salzburg-Wörterbuch

»Salzburg ist eine Stadt der Kunst und daher auch eine Stadt der Geschichte. Und sie ist eine Stadt der Denker.«
(GUY MOLLAT DU JOURDIN, SALZBOURG. CITÉ ARDENTE)

A
ALPEN: *Weithin beworbene Ansammlung von Bergen, die Gipfel sind voll mit Gämsen. Eine der Hauptattraktionen des österreichischen Fremdenverkehrs.*
ALT, SALOME: *Eine wunderschöne Salzburger Dame, die mit einem Erzbischof befreundet war und ihm elf Kinder schenkte. Im Gegenzug erhielt sie Schloss Mirabell, das als Einziges heute noch an sie erinnert.*
AMERIKANER: *Eine Abart der Angelsachsen* (s. unten). *Zu großem Enthusiasmus fähig, was sie von den anderen unterscheidet.*
ANGELSACHSE: *Etwas, an das sich die Österreicher in Salzburg gewöhnen müssen.*
ASLAN, RAOUL: *Ein Schauspieler und oh, so gut aussehend!*
ATMOSPHÄRE: *Etwas, das man aufsaugen muss, wenn man in Salzburg ist.*
AUERHAHN: *Die Moral der Liebesgeschichte dieses Vogels: Macht niemals Lärm, wenn ihr verliebt seid.*
AUERHAHNBART: *Flauschige Federn von unterhalb des Auerhahn-Schwanzes, die, wenn sie gründlich gereinigt sind, auf einem Hut nett ausschauen.*
AUGUST: *Der Salzburg-Monat.*

B

BACCARAT: *Die schnellste Art, ein Vermögen zu machen.*
BALSER, EWALD: *Der Salzburger Faust.*
BAROCK: *Pferde* (die auf ihren Hinterbeinen stehen), *schmerzverzerrte Heilige, eine Menge Ornamente und viel Gold.*
BAZAR: *Salzburgs bekanntestes Kaffeehaus.*
BEETHOVEN: *Ein unglücklicher Komponist, der niemals die beste Musik hörte, da er taub war. Er konnte sie nur schreiben.*
BIER: *Das Salzburger Getränk.*
BRAHMS: *Einer dieser Komponisten.*
BRUCKNER: *s. Brahms.*

C

CAFÉ: *Wohnung und Residenz der Österreicher.*
CASINO: *Der Grund, warum man von Salzburg nicht wegkommt.*
COOPER, DIANA (geborene Lady Manners): *Eine sehr angenehme Erinnerung.*
COSÌ FAN TUTTE: *Alles, was Mozart über Liebe wusste.*

D

DIETRICH, WOLF: *Ein Erzbischof, der Salzburg neu schuf und in seiner Freizeit elf Kinder produzierte.*
DIRNDL: *Die weibliche Einheimische, aber auch das Kleid, das sie trägt.*
DON GIOVANNI: *Mozarts schönste Oper!*
DONNER, RAPHAEL: *Ein Österreicher, der einiges über Barock wusste.*

E

EINHEIMISCHER: *Der hiesige Bewohner, der manchmal so schweigsam wie sein Namensvetter ist* (im Englischen bedeutet *Native* Einheimischer, aber auch Urbewohner).
EINTRITTSKARTE: *Das Ding, nach dem alle verrückt sind.*
ENGLÄNDER: *Eine angelsächsische Spezies. In Österreich sehr gefragt.*

F

FAISTAUER: *Der Maler, der für die Fresken im Festspielhaus verantwortlich zeichnet.*
FAUST: *Ein unanständiger Mann mit einer Menge Komplexen.*
FELSENREITSCHULE: *Der Ort, an dem die Bischöfe ihre Pferde drillten und an dem Reinhardt jetzt seine Schauspieler drillt.*
FELSENTHEATER: *Salzburgs erste Freilichtbühne im Park von Hellbrunn.*
FENSTERLN: *Ein Tiroler Brauch. Der Grund für die hiesige Überbevölkerung.*
FESTSPIELE: *Einer der Gründe, warum ihr hier seid.*
FIDELIO: *Einer der musikalischen Höhepunkte* (des Festspielsommers 1936).
FIGARO: *Viel Lärm um die Hochzeit eines Friseurs.*
FISCHER VON ERLACH: *Der Mann, der in ganz Salzburg mit dem Bau barocker Kirchen experimentierte und, als er genug darüber wusste, nach Wien übersiedelte.*
FORELLE: *Wildfisch in Österreichs Flüssen.*
FRITZ UND FRANZ: *Die besten »Ober«* (Kellner) *der Welt.*

G

GÄMSE: *Die Bergziege. Gämsen jagen ist die angenehmste Art, Gewicht zu verlieren.*

GAMSBART: Die Rückenhaare der Gämse, die man (gebündelt) *auf einen Hut steckt.*
GELD: *Eine nette Sache, wenn man es hat, in Salzburg aber keineswegs von Bedeutung.*
GEMÜTLICH: *Der hiesige Ausdruck für langweilig.*
GIANINI, DUSOLINA: *Eine sehr gut aussehende Italienerin, die in Philadelphia geboren wurde und die alles weiß, was man über das Singen wissen muss.*
GLOCKENSPIEL: *Dreimal am Tag spielen die Glocken verrückt und glauben, dass sie auch musizieren können.*
GLUCK: *Ein Musiker, über den nur musikalisch Gebildete etwas wissen.*
GLYNDEBOURNE (Sommer-Festspiele in England, die 1933/1934 von einem deutschen Dirigenten und einem deutschen Regisseur gegründet wurden): *Der Beweis, dass Tradition und Atmosphäre nicht alles bewirken können.*
GOETHE: *Der deutsche G. B. S.* (George Bernard Shaw).
GOTIK: *Kirchen mit spitzen Dächern, bunten Fenstern, großen, schlanken Heiligen mit eigenwilligen Bewegungen, eine Menge Frömmigkeit und Weisheit.*

H

HELLBRUNN: *Der Ort, an dem Madame Mabon, die Geliebte von Marcus Sitticus, lebte.*
HIRSCH: *Ein temperamentvolles Tier.*
HOFAPOTHEKE: *Die einzige Apotheke, in der man sogar Vergnügen daran findet,* (pharmazeutisches) *Gift zu kaufen.*
HOFMANNSTHAL, HUGO: *Ein feinsinniger Dichter und Denker. Der Hauptanstifter der Salzburger Festspiele* (eigentlich einer von mehreren).
HOLZMEISTER, CLEMENS: *Der Professor, der das Festspielhaus und die Fauststadt* (die Kulisse) *baute.*

HÖRBIGER, ATTILA: *Hat zwei Gründe, berühmt zu sein – er ist Salzburgs Jedermann und Paula Wesselys Ehemann.*
HOTELS: *Überbevölkerte Gebäude, in denen ihr vielleicht wohnen dürft.*

I, J

IUVAVUM: *Der römische Name für Salzburg.*
JEDERMANN: *Ein Stück, das man sehen muss und an das man sich auf dem Weg zum Himmel erinnern soll.*
JODELN: *Ein starker, gutturaler Lärm, der der Kehle eines Einheimischen entströmt, wenn er glücklich oder verliebt ist.*

K

KEUTSCHACH, LEONHARD VON: *Der Gentleman, der Salzburgs Kultur möglich machte, indem er seinen Untertanen die Hölle heiß machte.*
KINO: *Seit Neuestem in die Festspiele integriert.*
KLESSHEIM: *Ein barockes Schloss nahe Salzburg.*
KLIMA: *Meist nass, aber wenn es schön ist, ist es sehr, sehr schön.*
KOMMER A. CZ.: *Ein kluger Manager und der bekannteste Mann der Stadt.*
KRAUS, CLEMENS: *Ein großer Dirigent mit einem vielleicht noch größeren Sombrero.*
KULLMAN, CHARLES: *Ein Amerikaner mit einer Stimme, einem reservierten Tisch im Bazar und einer Schar ihm folgender lieblicher Mädchen.*

L

LANZ: *Der Ort, an dem man euch in einen Einheimischen verwandelt.*

LANZ, SEPP: Ein Salzburger Charakter mit Ohren, grünen Knickerbockern und Geschäftstüchtigkeit. Alles davon groß.
LEDERHOSEN: Was der männliche Einheimische unter dem Gürtel trägt.
LEHMANN, LOTTE: Eine berühmte Autorin, eine bezaubernde Dame mit süßer Stimme, einer der größten Vermögenswerte von Salzburg.
LEOPOLDSKRON: Ein charmantes Rokoko-Schloss, in dem Reinhardt in der Nacht lebt und während des Tages schläft.
LODEN: Die Sache, in die man an Regentagen schlüpft.
LODRON, PARIS: Ein Erzbischof, dem Salzburg all seine Schönheit verdankt.

M

MABON, MADAME: Die Pompadour von Salzburg.
MAHLER: Fragt mich nach einem anderen.
MARCUS SITTICUS: Der Fürst, der vor dreihundert Jahren mit all den Theaterbesuchen und den Opernproduktionen begann, bevor auch nur irgendjemand an Reinhardt dachte.
MARIONETTEN, SALZBURGER: Etwas, das man an einem verregneten Nachmittag anschauen sollte.
MARLENE: Ein Grund zu starren.
MAYR, RICHARD: Ein Sänger, dessen Name für immer mit Salzburg verbunden sein wird.
MEISTERSINGER: Eine laute Oper mit einigen guten Melodien.
MIEDER: Etwas, das einem zu einer Figur verhilft, wenn man keine hat.
MIRABELL: Ein Schloss, eine Bar und eine Spielhalle.
MOISSI, ALEXANDER: Salzburgs großer Jedermann.
MÖNCHSBERG: Der Ort, wo man in einer schönen Nacht soupieren sollte.

MOZART: Der Hauptgrund für Salzburg.
MOZARTEUM: Der Ort, an dem man lernt, wie man ein Genie wird. Alles, was man benötigt, ist eine Menge Talent und einige Geduld.
MUSIK: Der Lärm, der einen an schöne Dinge denken lässt.

N

NOCKERLN, SALZBURGER: Etwas, das man essen muss.
NOVOTNA, JARMILA: Eine Frau, die singen und gleichzeitig gut aussehen kann.

O, Ö

OPER: Der Lärm, den ein Komponist über das Sich-Verlieben produziert.
ORPHEUS UND EURYDIKE: Wenn ihr es lustig findet, Griechen tanzen und singen zu sehen, schaut euch diese Oper an, die euch Glucks Idee von alldem wiedergibt.
ÖSTERREICHER: Etwas, womit ihr euch abfinden müsst, wenn ihr nach Salzburg kommt.

P

PATINA: Eine Menge alter Schmutz.
PAUMGARTNER, BERNHARD (s. Literatur): Der Direktor des Mozarteums. Er wird sogar euch Musik beibringen.
P. G. (paying guest = zahlender Gast): Die Stütze beinahe jeder österreichischen Familie.
PHILHARMONIKER: Die Menschen im (Orchester-)Graben, die den bedeutendsten Anteil an der Vorstellung haben.
PROMINENTE(R): Jede zweite Person in Salzburg.
PUTHON, DER BARON: Der Manager der Salzburger Festspiele.

R

REGEN: Wasser, das vom Himmel fällt. Das meiste davon auf Salzburg.

REGENSCHIRM: Das wichtigste Utensil, das man mitnehmen sollte.

REINHARDT, MAX: Ein Professor, für den Goethe den Faust *und Shakespeare den* Sommernachtstraum *schrieb. Besitzer von Schloss Leopoldskron und von Helene Thimig. Leben und Seele der Stadt.*

ROKOKO: Flauschige Wolken, süße Engel, Schäferinnen und Mozart.

ROMANISCH: Der Architekturstil der Zeit, in der man zu bauen lernte.

ROULETTE: Ein teures Spiel.

S

SALZBURG: Die Imitation von Glyndebourne (das ist ein doppelter Scherz, da das dortige Festival auch erst später gegründet wurde).

SALZKAMMERGUT: Eine Region voller Seen, Einheimischer, Berge und Spaß.

SANDALEN: Das Schuhwerk, an dem man den weiblichen Angelsachsen erkennt.

SCHECK: Ein Stück Papier, über das sich in Salzburg niemand freut (man bevorzugte Bargeld).

SCHILLING: Eine kleine Münze, die ungefähr die Hälfte wert ist.

SCHNÜRLREGEN: Die Salzburger Niederschlagsart, Gießen, extrem starker Regen.

SCHUHPLATTLER: Ein kraftvoller männlicher Tanz.

SERVAES, DAGNY: Die Frau, in die Jedermann verliebt ist.

SERVUS: Die österreichische Art, Hallo! *zu sagen.*

SINN FÜR HUMOR: *Etwas, das ihr so dringend braucht wie euren Regenschirm.*
STRAUSS, JOHANN: *Der Mann, der den Donauwalzer komponierte.*
STRAUSS, RICHARD: *Der Mann, der ihn nicht komponierte.*

T

TANNHÄUSER: *Ein Salzburger, um den Wagner viel Wirbel machte.*
TAUBEN: *Vögel, die an der Aufführung des* Jedermann *teilnehmen, weshalb man besser einen Hut aufsetzt.*
THIMIG, HELENE: *Die Frau von Max, dem Professor* (sie waren damals noch nicht verheiratet, da seine erste Ehefrau erst Jahre später in die Scheidung einwilligte). *Glaube* (ihre Rolle in *Jedermann*) *und schlechtes Gewissen in einem.*
TIROLERISCH: *Wie alle aussehen wollen und wenige es wirklich schaffen.*
TOMASELLI: *Verkauft guten Kaffee und ausgezeichnete Torten.*
TOURISTEN: *Salzburgs Einnahmequelle.*
TRENTE ET QUARANTE: *Rot – ich verliere, Schwarz – die anderen gewinnen.*

V

VERDI, GIUSEPPE: *Ein italienischer Komponist, der an einem Minderwertigkeitskomplex namens Wagner litt.*
VIRGIL: *Ein alter Ire, der Salzburg zurück in die Geschichte versetzte.*

W

WAGEN: *Wenn ihr einen habt, nehmt ihn mit, wenn ihr keinen habt, kauft einen.*

WAGNER, RICHARD: Ein lauter, Lärm erzeugender Komponist, der von Toscanini gezähmt wurde.
WALLMANN, MARGARETHE: Die Lady, die die Fäden in der Ballettwelt zieht.
WALTER, BRUNO: Der dynamischste aller Dirigenten.
DAS WEISSE RÖSSL: Das Stück, das die Tiroler Mode modern machte. Auch ein Restaurant in St. Wolfgang, von dem man Postkarten versendet.
WESSELY, PAULA: Gretchen von Goethe, von Reinhardt inszeniert.
WÜRSTEL: Die Überreste eines verstorbenen Schweins.

Z

ZAUBERFLÖTE: Eine Oper mit verdammt guter Handlung und idealer Musik.
ZIGARETTEN: Versucht unsere und bleibt bei euren, wenn es sein muss.
ZWEIG, STEFAN: Ein Schriftsteller, der alles über Sex und Zigarren weiß.

Goodbye!

»*Natürlich ist dieses Buch absurd! Tatsächlich sogar idiotisch! Trotzdem hoffe ich, dass ihr beim Lesen Spaß hattet, außer vielleicht bei dem kurzen Absatz über euch.*

Glaubt jetzt bitte nicht, alles über Salzburg zu wissen, was ihr wissen müsst, da ihr gar nichts wisst. Zehn Minuten dort und ihr wisst mehr, als ihr in einem anderen, fünfhundert Seiten langen Buch erfahrt. Salzburg kann man nicht beschreiben, Salzburg muss man erleben, und das macht auch viel Spaß. Besonders wenn man zu zweit kommt.«

Zur Entstehung dieses Buchs über Salzburg und die Festspiele

Meine Liebe (die der aus Wien stammenden Herausgeberin) zu Salzburg reicht in meine Kindheit zurück. Vom ersten Augenblick an liebte ich die märchenhafte Stadt, die von der Burg auf dem Berg bekrönt wird. Bald begann ich Bücher über Salzburg zu sammeln, das bis ins frühe 19. Jahrhundert ein autonomes Fürstentum war. Das unterscheidet es wesentlich von den anderen Bundesländern Österreichs. Seine ehemaligen Regenten, die Fürsterzbischöfe – allesamt eigenwillige Persönlichkeiten, machtbesessen und baufreudig –, haben das Gesicht ihrer Residenzstadt und die Bewohner geprägt.

Dass ich mit der Liebe zu Salzburg nicht allein bin, ist mir bewusst. Viele Freunde, auch einer meiner ältesten, sind dem Charme der Stadt verfallen. Mit ihm, Franz Winter (s. die Widmung), ehemals Schauspieler am Burgtheater, später Regisseur, heute schreibt er musikhistorische Romane, habe ich als seine Assistentin u. a. am Salzburger Landestheater und bei einer Festspielproduktion in der Universitätskirche gearbeitet. Nach den Proben sind wir oft durch die Stadt spaziert und haben uns vorgestellt, später einmal mit unseren Familien hier zu leben. Damals gab er mir auch das Buch *This Salzburg!* zu lesen. Dass es englisch geschrieben ist, leitet irre, denn der Autor Graf Ferdinand Czernin war (Alt-)Österreicher und u. a. deutschsprachig. Wie es dazu kam, dass er ein perfektes Englisch und den Witz der Angelsachsen beherrschte, ist nicht mehr herauszufinden. Selbst, wenn er ab 1934 in London lebte, kann er sich in dieser kurzen Zeit nicht ein so raffiniertes Englisch zugelegt haben. Vielleicht aber konnte er die Sprache schon gut und hat sie in den zwei Jahren, die er dort lebte, bevor er das Buch schrieb, wesentlich verfeinert.

Man darf den Inhalt des Buchs aber nicht zu wörtlich und schon gar nicht zu ernst nehmen. Der Autor selbst erklärt es für absurd (was es natürlich nicht ist), hofft aber, damit gut zu unterhalten. Stilistisch ist es, da »englischen« Ursprungs, ein früher Monty Python, oft ebenso grotesk und irrwitzig in den Ideen. Es zeichnet aber auch ein gutes Bild der Atmosphäre, der Stadt und der Menschen. Der inhaltliche Schwerpunkt liegt auf der Stadt Salzburg während der Festspielzeit, auf der Charakterisierung der Einheimischen und jener der angelsächsischen Touristen sowie auf der Art, wie sich beide einander annähern und zusammenleben.

Das Theaterfestival war, als Czernin *This Salzburg!* schrieb, erst sechzehn Jahre alt und dennoch schon weltberühmt. Überraschenderweise besuchten schon im Geburtsjahr 1920 Engländer und Amerikaner die Festspiele, die damals erst am 22. August begannen und auf deren Spielplan nur der von Max Reinhardt inszenierte *Jedermann* stand. Wie sie wohl zwei Jahre nach Ende des Ersten Weltkriegs davon erfahren haben? In einer Zeit, als die Lebensmittelknappheit bedrohlich hoch war, wird noch nicht viel in Werbung investiert worden sein. Wie auch immer, die Popularität der Festspiele und die Anzahl der Produktionen nahmen in den folgenden Jahren zu und die Gäste, immer mehr auch die Großen und Prominenten der Welt, eilten im Sommer nach Salzburg. Die Zahl der Besucher hat sich bis heute beinahe verdreihundertfacht. Der Stadt, den Festspielen, Max Reinhardt, Hugo von Hofmannsthal und ein wenig auch Ferdinand Czernin zu Ehren.

Gabriele Liechtenstein, 2024

Zur Person des Autors

Ferdinand Czernin war ein Sohn Graf Ottokar Czernins, der während des Ersten Weltkriegs Außenminister Österreich-Ungarns war. Schon früh gegen den Nationalsozialismus eingestellt, lebte er ab 1934 in London, wo er Mitglied des *Free Austrian Movement* war, einer Bewegung, die Flüchtlingen aus Österreich bei ihrer Ankunft in England half. Als er später in den Vereinigten Staaten lebte, gründete er 1939/1940 die Czernin-Gruppe, »eine Vereinigung von emigrierten Österreichern, die sich als … eher unpolitisch verstanden hat … (Er) war derjenige, der es im State Department durchgesetzt hat, dass die Österreicher in Amerika als Citizens of a nonenemy country (Bürger eines nicht feindlichen Landes) anerkannt wurden … was die Österreicher (als Bewohner eines Landes, das 1938 aufgehört hatte zu existieren) für die Behörden vieler Länder waren.« (Klemens Renoldner, 13–20)

Zur Herausgeberin

Gabriele Liechtenstein, geboren in Wien, ist Literatur- und Kunsthistorikerin.

Sie publiziert Artikel über Barockarchitektur und Bücher zu kulturhistorischen Themen.

Zitierte Literatur

Edda Fuhrich, Sibylle Zehle (Hg), Briefe im Exil. Max Reinhardt – Helene Thimig (1937–1943). Salzburg/Wien 2023.
Erich Kästner, Der kleine Grenzverkehr. S. l., 1938.
Annette Kolb, Festspieltage in Salzburg. Amsterdam 1937.
Guy Mollat du Jourdin, Salzbourg. Cité Ardente. Paris 1949.
Bernhard Paumgartner, Salzburg. Salzburg 1966.
Klemens Renoldner, This Salzburg – A Book for the Salzburg Babbitts. In: »zweigheft« Nr. 6. Salzburg, Mai 2012, 13–20.
Helene Thimig-Reinhardt, Wie Max Reinhardt lebte … eine Handbreit über dem Boden. Percha am Starnberger See 1973.
Salzburger Illustrierte, mehrere Nummern. Salzburg 1936.

Bildnachweise

Seite 39: Austrian Archives/brandstaetter images/picturedesk.com
Seite 71: ÖNB-Bildarchiv/picturedesk.com
Seite 77: ÖNB-Bildarchiv/picturedesk.com
Seite 79: Archiv Setzer-Tschiedel/brandstaetter images/picturedesk.com
Seite 85: Austrian Archives (S)/brandstaetter images/picturedesk.com
Seite 91: König, Karl/ÖNB-Bildarchiv/picturedesk.com
Seite 121: Archiv der Salzburger Festspiele/brandstaetter images/picturedesk.com